呂思勉 著

呂思勉的理學綱要

理學與社會，互動與影響

深入理解宋明理學的精髓，探索傳統思想的重要起點
連接古代哲學、佛學與理學
躬行實踐，超越空談理論！

目錄

序

　　本書計十五篇，乃民國十五年予在上海滬江大學講《中國哲學史》時所手編之講義也。今略加修改，以成是書。

　　理學行世幾千年，與國人之思想關係甚深；然其書率多零碎乏條理，又質而不文，讀者倦焉。雖有學案之作，人猶病其繁重，卒不能得其要領也。是書舉理學家重要學說，及其與前此學術思想之關聯，後此社會風俗之影響，一一挈其大要，卷帙雖少，綱領略具，讀此一編，於理學之為如何學問可以知其大概矣，故名之曰《理學綱要》。

　　自宋迄今，以理學名家者無慮千人；然其確有見地不與眾同者不過十餘家耳。茲編即以是為主（其大同小異者即附其人之後，如慈湖附象山後是也），其無甚特見者，總為一篇，敘其名氏傳授，以見斯學之源流派別而已。諸賢事跡，限於篇幅未及詳敘，如欲尚論其世，固有史傳及諸家學案在也。

　　理學與古代哲學及佛學皆有關係，近人類能言之，然所見者似皆非其真也。茲故別為一篇，論之雖似旁文，實為斯學來歷，了此則理學中重要之說，皆迎刃而解矣。不可不細讀也。

　　數術非中國哲學正宗，然亦自成一派，且與社會思想關係頗深，世多目為索隱行怪，甚或斥為迷信，非也。數術家之所言，雖未必確，以為迷信，則實不然。真知數術家之所言，乃知迷信之流自附於數術者，悉非其實耳。茲總為一篇敘之。邵子雖以數術名，實於哲理髮明為多，數術非所重也。故別為篇。

　　理學特色在於躬行實踐，非如尋常所謂哲學者，但騖好奇之心，馳玄遠之想而已。諸家之說，各有不同，非好為異也。補偏救弊，立言固各以其時；殊途同歸，轍跡原無須強合。又有前人見其淺，後人見其深

序

者，此則思想演進，次第當然；當知其易地皆然，不必存入主出奴之見也。茲編於諸家相承相矯，及其同時分爭合一之故，並詳析言之，以見學術演進之跡。至於各人受用，則或因其性之所近，或矯其習之所偏，有難範以一律者，非茲編之所能言也。

民國十七年三月二十三日武進呂思勉識

篇一　緒論

今之人有恆言日「宇宙觀」，又日「人生觀」，其實二者本系一事。何則？人者，宇宙間之一物。明乎宇宙之理，則人之所以自處者，自得其道矣。

哲學非絕人之事也。凡人所為，亦皆有其所以然之故，即哲學之端也。雖然，此特隨事應付耳。若深思之，則我之所以處此，與此事之究須措置與否，乃皆有可疑。（如饑而食，特應付事物耳。見在之飲食，是否相宜？食而生，不食而死，孰為真是？凡飲食者，未有能言之者也。一一窮究之，即成哲學矣。）恆人為眼前事物所困，隨事應付且不暇，更何暇遊心於高遠？然一社會中，必有處境寬閒，能遊心於遠者；又必有因性之所近，遇事輒喜思索者；乃取恆人所不暇深思；及其困於智力，不能深思之端；而一一深思之，而哲學於是乎起矣。

然則哲學非隨事應付之謂也。隨事應付，恆人本自能之。所有待於哲學者，則窮究宇宙之理，以定目前應付之法耳。（以非窮究到底，則目前應付之法，無從證為真是也。）然則哲學者，窮究宇宙之理，以明立身處世之法者也。故真可稱為哲學家者，其宇宙觀及人生觀，必有以異於恆人。而不然者，則不足稱為哲學家。有一種新哲學興，必能改變舊哲學之宇宙觀及人生觀。而不然者，則不足稱為新哲學。

吾國哲學，有三大變：邃古之世，本有一種幽深玄遠之哲學，與神教相混，為後來諸子百家所同本。諸子之學，非不高深；然特將古代之哲學，推衍之於各方面；其宇宙觀及人生觀，初未有所改變也。西漢、魏、晉諸儒，不過發揮先秦諸子之學，更無論矣。此一時期也。佛教東來，其宇宙觀及人生觀，實有與吾國異者。吾國人受其感化，而其宇宙觀、人生觀，亦為之一變。此又一時期也。佛學既敝，理學以興。雖亦兼採佛學之長，然其大體，固欲恢復吾國古代之哲學，以拯佛學末流之弊。宋學之中，朱、陸不同。有明之學，陽明、甘泉諸家，亦復互異。

然此僅其修為之法，小有乖違；以言乎其宇宙觀、人生觀，則固大致相同也。此又一時期也，此等大概之遷變，今之人類能言之。然其所以然之故，及其同異之真，則能詳悉言之者甚鮮。茲編略述宋、明哲學，即所謂理學者之真相；及其與他時代之不同；並其所以然之故。千金敝帚，雖或寶燕石而不自知；然大輅椎輪，先河後海；郢書燕說，世固有其物不足貴，而其功不必薄者矣。

篇二　理學之原

　　理學者，佛學之反動，而亦兼採佛學之長，以調和中國之舊哲學與佛學者也。一種學術，必有其獨至之處，亦必有其流弊。流弊不可無以矯之，獨至之處，亦不容埋沒；故新興之學術，必能祛舊學術之流弊，而保其所長。謂為代興之新學術可，謂為改良之舊學術，亦無不可也。凡百學術，新舊遞嬗之際皆然。佛學與理學，亦何獨不然。

　　又天下無突然而生之事物，新者之興，必有所資於舊。天下亦無真芻狗可棄之事物，一種學術，一時為人所厭棄，往往隔若干年而又盛行焉。理學之於中國舊哲學則如是。中國舊有之哲學，蓋自神教時代，遞演遞進，至周、秦之際而極盛。兩漢、魏、晉，雖間有新思想，然其大體，固不越古代哲學之範圍。佛教興，而中國哲學一時退處於無權；然其中固不乏獨至之處。宋學興，乃即以是為憑藉，與佛學相抗焉。故不知佛學之大要，不可以言宋學。不知中國古代哲學之大要，亦不可以言宋學也。

　　哲學有其質，亦有其緣。論其質，則世界哲學，無不從同。以人之所疑者同也。論其緣，則各民族所處之境，不能無異；所處之境異，斯其所以釋其疑者，亦自異矣。此世界各國之哲學，所以畢同畢異也。明乎此，乃可據見在哲學之條理，以求中國古代之哲學。

　　哲學之根本云何？曰：宇宙觀、人生觀是已。人生而莫不求知，求知，則凡可知之物，莫不欲盡明其底蘊。人生而莫不求善，求善，則我之所執以為我者，必求措諸至當之地而始安。夫宇宙者，萬物之總括也。明乎宇宙，則於事物無不明；我者，宇宙中之一物也。明乎宇宙之蘊，則我之所以自處者，不蘄得其道，而自無不得其道矣。此宇宙觀與人生觀，所以二而實一；而各國哲學，莫不始於宇宙論也。

　　宇果有際乎？宙果有初乎？此非人之所能知也。顧古之人，不知其不可知也。不知其不可知，而其事又卒不可知，古之人果何以釋此疑

哉？曰：不知彼者視諸此。由近以推遠，即小以見大，此人類求知之恆蹊。哲學之初，亦若是則已矣。

　　物必有其所由來，欲明其物者，必先知其所由來，此不易之理也。蓺蓺萬物，果孰從而知其所由來哉？古之人則本諸身以為推。見夫生物之生，必由牝牡之合也，則以為一切物亦若是而已矣。所謂「物本乎天，人本乎」也（《禮記・郊特牲》）。於是陰陽為萬有之本之義立焉。是為哲學之第一步。（古代哲學，殆無不自男女媾精，推想而出者。《易》之二畫，疑即象男女陰。《老子》曰：「大國者下流，天下之交，天下之牝。牝常以靜勝，牡以靜為下。故大國以下小國，則取小國；小國以下大國，則取大國。故或下以取，或下而取。大國不過欲兼畜人，小國不過欲入事人。夫兩者各得所欲，大者宜為下。」尤皆以男女之事為喻也。哲學之初，雜以男女生殖之說，不獨中國為然。實由古人所欲推求，首在萬物之所由來也。）

　　顧既求所謂原因，則必得其唯一者。求萬物之所由來，而得陰陽二元，非人智之所能甘也。則必進而求之。進而求之，而唯一之境，實非人所能知，則不得不出以假設。以為陰陽以前，實有一為陰陽之所自出者，是為兩儀所從生之大極。是為哲學之第二步。

　　哲學者，所以解釋一切見象者也。不能解釋一切見象，不足以為哲學。既有哲學，則必對一切見象，力求有以解釋之。故哲學以解釋事物而興，亦以解釋事物而生變遷。有陰陽二者，足以釋天地之相對矣，足以釋日月之代明矣；然時則有四，何以釋之？於是分陰陽為大少，而有所謂四象。人之前後左右，其方向亦為四，以四象配之足矣。加以身之所處則為五，更加首之所戴則為六，四正加以四隅則為八，八加中央為九，九之周圍為十二，又何以說之？於是有以四時分配四方，更加中央為五帝，加昊天上帝為六帝，五帝分主四時化育，而昊天上帝，則無

所事事之說出焉。有上帝周行八方，而還息乎中央，所謂大一行九宮之說出焉。九宮之周圍為十二，恰與一年十二月之數相當。於是天子之治天下，十二月各有其當行之政；謂其本乎天意也。（五帝六天，說出緯候。）

謂東方青帝靈威仰，主春生。南方赤帝赤熛怒，主夏長。西方白帝白招拒，主秋成。北方黑帝汁光紀，主冬藏，中央黃帝含樞紐，則寄王四時。以四時化育，亦須土也。更加昊天上帝耀魄寶，則為六帝。昊天上帝，為最尊之天神。餘五帝則分主化育之功者也。大一行九宮，說出《乾鑿度》。《鄭注》曰：「大一者，北辰神名。下行八卦之宮，每四乃還於中央。中央者，北辰之所居，故謂之九宮。天數大分，以陽出，以陰入。陽起於子，陰起於午。是以大一下行九宮，從坎宮始。自此而從於坤宮。自此而從於震宮。自此而從於巽宮。所行半矣，還息於中央之宮。既又自此而從於乾宮。又自此而從於兌宮。又自此而從於艮宮。又自此而從於離宮。行則周矣，上游息於大一之星，而反紫宮。行起從坎宮始，終於離宮也。」案此所謂大一者，即昊天上帝耀魄寶也。古說天有九野，故地有九州。明堂亦有九室，王者居之，以出政令，蓋象昊天上帝也。五官之設，則所以象五方帝也。昊天上帝，無所事事，故古代君德，亦貴無為。無為非無所事事，乃復起之義，其初蓋正謂無所事事耳。古代神教，最尊天象，故舉四時八方等說，一一以此貫之也。天有九野，見《淮南子·天文訓》。）凡此者，皆舉錯雜之見象，一一以哲學釋之，且穿貫諸說為一說者也。此為哲學之第三步。

自物質言之，則因天有四時，而萬物皆生於土，乃分物質為五行。五行之生，以微著為次，此所以說萬物之生成。（《尚書·洪範正義》：「萬物成形，以微著為漸。五行先後，亦以微著為次。水最微為一，火漸著為二，木形實為三，金體固為四，土質大為五也。」）又有相生相勝之

說，則所以說萬物之迭成迭毀者也。（蕭吉《五行大義》：「木生火者，木性溫暖，伏其中，鑽灼而出。火生土者，火熱，故能焚木，木焚而成灰，灰即土也。金居石，依山津潤而生。聯土成山必生石，故生金。金生水者，少陰之氣，溫潤流澤；銷金亦為水。水生木者，水潤而能生。」《白虎通·五行篇》：「天地之性：眾勝寡，故水勝火也。精勝堅，故火勝金。剛勝柔，故金勝木。專勝散，故木勝土。實勝虛，故土勝水也。」案此篇於萬物之成毀，無不以五行生勝釋之。其說雖不足信，然在當時，實能遍釋一切現象，且頗有條理統系也。）

萬物之迭成迭毀，自淺者視之，則以為成者自無而出有，毀者自有而之無而已。稍深思之，則知宇宙間物，只有所謂變化，更無所謂有無。質力不滅之理，固不必待科學為證，即據理推測，亦未嘗不可得之也。既知宇宙間只有變化，更無有無，則不得不以萬物之原質為一。萬物之原質，古人名之曰氣。「臭腐化為神奇，神奇化為臭腐」，皆此氣之變化也。（《莊子·知北遊》：「人之生，氣之聚也。聚則為生，生則死。臭腐復化為神奇，神奇復化為臭腐，通天下一氣耳。」）於是萬物之原因，乃不在其何以有，而在其何以變。（此時已知有無之不可知矣。《列子·湯問》：「殷湯問於夏革曰：古初有物乎？夏革曰：古初無物，今安得物？後之人將謂今之無物，可乎？湯曰：然則物無先後乎？夏革曰：物之終始，初無極已，始或為終，終或為始，惡知其紀？然自物之外，自事之先，朕所不知也。」言此義最明。）世界質力之變化，非人之所能知也。即其變而名之，則曰動而已矣。於是世界之真原因，乃成為一種動力。《易·大傳》曰：「易不可見，則乾坤或幾乎息。」（《易》與《春秋》皆首元。元即動力也。《易》曰：「大哉乾元！萬物資始，乃統天。」《春秋繁露·重政篇》曰：「元猶原也。元者，萬物之本，在乎天地之前。」《乾鑿度》曰：「有太易，有太初，有太始，有太素。

太易者，未見氣也。太初者，氣之始也。太始者，形之始也。太素者，質之始也。氣形質具而未相離，謂之渾沌。渾沌者，言萬物相渾沌而未相離也。」皆以一種動力，為宇宙之原也。）《老子》曰：「有物混成，先天地生。寂兮寥兮，獨立而不改，周行而不殆，可以為天下母。」又曰：「穀神不死，是謂玄牝，玄牝之門，是謂天地根。綿綿若存，用之不勤。」皆指此而言之也。（谷者，空虛之義。神者，動力之謂。不死，言其不息。玄者，深遠之義。牝者，物之所由生。玄牝之門，是謂天地根，言天地由此而生也。綿綿若存，言其力之不可見。用之不勤，仍言其不息也。）是為哲學之第四步。

　　宇宙之間，既無所謂有無，則尋常所謂有無之見破。尋常所謂有無之見破，則所謂無者，其實皆有。其實皆有，而又明見為無，則所謂有無者，非真有無，乃人能認識與不能認識之別耳。同一氣也，何以或為人所能認識？或為人所不能認識？以其氣有疏密故也。密則為人所能識，疏則非人所能識矣。故曰：「精氣為物，遊魂為變。」（精者，物質凝集緊密之謂。《公羊》莊十年：「者日侵，精者日伐。」《注》：「，麤也。精，猶密也。」《老子》：「窈兮冥兮，其中有精，其精甚真。」真闇同訓。《管子·內業》：「凡物之精，此則為生，下為河嶽，上為列星」，即「精氣為物」之說。又曰：「流於天地之間，謂之鬼神。」則「遊魂為變」之說也。遊訓遊散，見韓康伯《注》。）古人說死生之故，恆以是言之。（人所識謂之明，所不識謂之幽，有幽明而無死生也。後來言此理者，張橫渠最明。）

　　既以宇宙萬物，為一氣所成，陰陽二元之說，其自此遂廢乎？曰：不然。陰陽之說，與一氣之說，相成而不相破者也。自其本質言之曰一氣，自其鼓蕩言之曰陰陽。蓋變動之象，為人所能識者，不外乎相迎相距。一迎一距，以理言，固可謂為同體而異用；以象論，夫固見其判然

而不同。既已判然不同，即可立陰陽二名以命之矣。職是故，古人即所謂一氣者，而判之為輕清重濁二端。「輕清者上為天，重濁者下為地。」（見《列子・天瑞篇》）物之輕浮而上升者，皆天類也。其重濁而下降者，皆地類也。（《易文言》曰：「本乎天者親上，本乎地者親下，則各從其類也。」）天地之氣，初非各不相涉，而且彼此相求。春融和，夏炎暑，則曰「天氣下降，地氣上騰。」秋肅殺，冬閉塞，則曰「天地不通」。（《月令》）自男女雌雄牝牡之相求，以至於日月之執行，寒暑之疊代，無不可以是釋之。陰陽二元之說，與宇宙原質為一氣之說，不唯不相背，且相得益彰，相待而成矣。是為哲學之第五步。

宇宙一切現象，既莫非氣之所成；而其所由然，又皆一氣之自為鼓蕩，而非有物焉以為之主（《莊子》所謂「吹萬不同，而使其自己也，咸其自取，怒者其誰」也），則其說，已成今所謂泛神論。泛神論者，世界之本體即神。於其浩無邊際，而見其偉大焉。於其更無起訖，而見其不息焉。於其變化無方，而仍有其不易之則，而見其不測與有秩序焉。泛神論之所謂神，較之一神論、多神論之所謂神，固覺其確實而可信；亦正因其確實可信，而彌覺其大也。故中國古籍，於神之一字，皆極其嘆美。（《易大傳》曰：「神無方而易無體。」又曰：「陰陽不測之謂神。」言彌淪乎宇宙之間者，唯有一神，更不能偏指一物以當之也。故曰：「鬼神之為德，其盛矣乎！視之而不見，聽之而不聞，體物而不可遺。」張橫渠說鬼神，亦深得古人之旨。）而如「至誠無息」等之所謂至誠，亦皆所以狀世界之本體者也。

通宇宙之間，既除一氣之外，更無餘物，則人亦自為此氣之所成，而為宇宙之一體。宇宙之一體，何以成為人？自宇宙言之謂之命。自人言之謂之性。（《大戴禮記・本命篇》）宇宙間一切，各有其不易之則，人為宇宙之一體，自亦有其當循之道，故人貴盡性。抑人既為宇宙之一

體，非盡明乎宇宙之理，固無從知自處之方；苟真明乎自處之方，則於宇宙之理，已無不貫矣。故曰：「盡其心者，知其性也；知其性，則知天矣。」（《孟子·盡心》）又曰：「窮理盡性，以至於命。」（《本命篇》）我者，宇宙之一體。萬物亦宇宙之一體。萬物與我，既同為宇宙之一體，則明乎處我之道者，亦必明乎處物之道。故曰：「能盡其性，則能盡人之性；能盡人之性，則能盡物之性；能盡物之性，則可以贊天地之化育；可以贊天地之化育，則可以與天地參。」（《中庸》。《荀子·天論》：「天有其時，地有其財，人有其治，夫是之謂能參。」亦此義。所謂治，乃盡性後之辦法也。）此所謂天人合一。至此，則人與自然，冥合無間，而推論之能事極，而力行之義蘊，亦盡於此矣。此為哲學之第六步。

中國古代之道德倫理，無一不本於法自然者。以全宇宙皆一氣所成也，故我與天地萬物，可以為一體。（惠施之說，見《莊子·天下篇》。一體，即融合無間之謂。與上文所用一體異義。上文所用一體，乃《孟子》「子夏，子游，子張，皆有聖人之一體」之一體也。）以全宇宙之動盪不已也，故有自強不息之義。夫合全宇宙而為一動，則雖謂其動即其靜可也，故動靜交相資。以其變化不居，而仍有其一定之則也，故有變易、不易、易簡三義，乃盡《易》之蘊。（《周易正義八論》引《乾鑿度》曰：「《易》一名而含三義：所謂易也、變易也、不易也。易者其德也。光明四通，簡易立節。天以爛明。日月星辰，布設張列。通精無門，藏神無穴。不煩不擾，澹泊不失。變易者其氣也。天地不變，不能通義。易者其位也，天在上，地在下。」鄭玄依此作《易贊》及《易論》曰：「《易》一名而含三義：易簡，一也。變易，二也。不易，三也。」案此《易》之大義也。自然見象從差別中見其平等，亦從平等中見其差別。從平等中見其差別，則所謂易也。從差別中見其平等，則所

謂不易也。所謂易簡者，謂極錯雜之見象，統馭於極簡單之原理；莫之為而為，莫之致而至；互古如斯，從不差忒也。）以時時變動不居也，故賤執一而貴中庸。（以幾何學之理譬之，世界猶體，至當不易之道為點。至當不易之道，必有一點，而亦僅有一點，此即《中庸》之所謂中庸也。使世界靜止，則此點恆常，擇而執之，初非難事。唯世界變易無一息之停，故此點所在，亦無一息而不變動。擇而執之，斯為難矣。孔子所以嘆「中庸不可能」也。）以萬物之動，各有其軌道而不相亂也，故各當其位，為治之至。（《易》之道，莫貴乎當位。《禮運》曰：「物大積焉而不蘊，並行而不繆，細行而不失，深而通，茂而有間，連而不相及也，動而不相害也，此順之至也。」即所謂各當其位也。大學之道，極於平天下。平天下之義，《荀子・榮辱篇》說之，曰：「農以力盡田；賈以察盡財；工以巧盡械器，士大夫以上，至於公侯，莫不以仁厚知能盡官職；夫是之謂至平。」亦不過各當其位而已。法家之明分職，義亦如此。）以自古迄今，一線相承也，故有正本、慎始、謹小、慎微之義；而「正其義不謀其利，明其道不計其功」，言道德者最重動機焉。以世界本為一體，彼之於此，無一息不相干也，故成己可以成物，正人必先正己；而反求諸己，則一心又為一身之本焉。（宋儒治心之學，古人有先發之者。《莊子・天道篇》曰：「萬物無足以撓其心者，故靜。心靜，天地之鑒也，萬物之鏡也。夫虛靜恬淡，寂寞無為者，天地之平，而道德之至，故帝王聖人休焉。休則虛，虛則實，實者倫矣。虛則靜，靜則動，動則得矣。」《荀子・天論》曰：「形具而神生，好惡喜怒哀樂臧焉，夫是之謂天情。耳目鼻口形能各有接而不相能也，夫是之謂天官。心居中虛，以治五官，夫是之謂天君。」《解蔽》曰：「治之要，在於知道。人何以知道？曰心。心何以知道？曰虛一而靜。」皆與宋儒所言無異也。）以天尊地卑，各有定位，故有君貴臣賤，重男輕女之義。

以孤陽不生，獨陰不長，故雖重男抑女，而陰陽仍有平等之義焉。以春夏秋冬，週而復始，認一切現象，皆為循環，故有禍福倚伏，持盈保泰之義；又有「天不變，道亦不變」之說焉。抑且萬事萬物，皆出陰陽二元，故有彼必有此；既貴仁，又貴義；既重禮，亦重樂；一切承認異己者之並立，而不趨極端焉。此等要義，悉數難終。蓋國人今日之思想，溯其原，無不與古代哲學相貫通者。哲學思想之初起，雖由一二哲人；而其昌大，則擴為全社會之思想。（亦可云：此種思想，在此環境中，最為適宜，故全社會人胥具之；而哲人，則其研究之尤透澈者也。）雖屢與異族接觸，而其根柢曾未搖動。甚矣，國性之入人深也。

　　以上所述，為古代普通思想。又有所謂數術家者，則其思想，頗近於唯物派。案《漢志·諸子略》之陰陽家，出於羲、和之官。數術六家，亦云出於明堂羲和史卜之職。二者蓋同出一原，而一陳其事，一言其義也。數術六家，天文、歷譜、五行、蓍龜、雜占，皆近迷信。（天文、歷譜，本無所謂迷信。然古人於此，恆雜以占驗之術。《漢志》謂「天文者，序二十八宿，步五星日月，以紀吉凶之象。」歷譜以「探知五星日月之會，凶厄之患，吉隆之喜」是也。天文家有《圖書》、《祕記》十七篇，蓋即讖之所本也。）唯形法一家，《漢志》述其學曰：「大舉九州之執，以立城郭、室舍。形人及六畜骨法之度數，器物之形容，以求其聲氣、貴賤、吉凶。猶律有長短，而各徵其聲，非有鬼神，數自然也。」其思想最於唯物派為近。（此等思想，後世亦非無之，特不盛耳。如王仲任即其一也。細讀《論衡》自見。中國各種迷信之術，唯相法較為通人所信。《荀子》已有《非相篇》。其後《論衡》、《潛夫論》、《申鑒》，於相學皆不全然排斥。亦以相法根據人之形體，究有所依據也。此亦據骨法之度數，以求貴賤吉凶之理。）形法家之所謂數者，蓋物質自然必至之符。形法家以為萬物之變化，皆可求諸此；而不認有官體所

不能感覺之原因，故曰「非有鬼神。」（古人以萬有之原質為氣，而氣又分輕清重濁二者。輕清者上為天，重濁者下為地。人則兼備此二氣，所謂「沖和氣者為人」也。物亦然，所謂「萬物負陰而抱陽，沖氣以為和」也。人之死也，輕清之氣歸於天，重濁之氣歸於地。所謂「體魄則降，和氣在上」；所謂「骨肉歸復於土，魂氣則無不之」；所謂「骨肉斃於下，陰為野土，其氣發揚於上為昭明，焄蒿淒愴」也。此為普通思想。形法家之所持，為無鬼論。）《漢志》則不以其說為然，故駁之曰：「形與氣相首尾。亦有有其形而無其氣，有其氣而無其形者。」《漢志》之所謂形，蓋即《易大傳》「精氣為物」之物；其所謂氣，蓋即「遊魂為變」之魂，而亦即形法家所謂「鬼神」。《漢志》蓋亦如普通之見，以萬物之原質（氣），時而有形可見，時而無形可見（精氣變為遊魂，遊魂復為精氣，所謂「相首尾」也）。故於形法家之說，加以詰難也。形法家之思想，而實如此，在諸學派中，實最與今所謂科學者相近；而顧與天文、歷譜、五行、蓍龜、雜占等迷信之術，同列一略，其故何哉？豈校讎者之無識與？非也。天文、歷譜、五行、蓍龜、雜占，亦非必迷信之術。非必迷信之術，而其後卒入於迷信者，蓋時勢為之也。何也？夫「理事不違」，欲明一理者，不得不遍究萬事，其說然矣。然事物之紛紜，卒非人所能盡究。於是不得不即已經研究之事，姑定為一理，而執之以推其餘。（宇宙之廣大悠久，實非人之所能知。乃有欲即其已知，以推其未知者。《史記》述鄒衍之學，謂其「先驗小物，推而大之，至於無垠。先序今以上，至黃帝，學者所共述。大並世盛衰。因載其祥制度。推而遠之，至天地未生，窈冥不可考而原也。先列中國名山大川，通谷禽獸，水土所殖，物類所珍。因而推之，及海外人之所不能睹。」所用者即此術也。《太玄》為揚雄最得意之作。其書起冬迄大雪之末，備詳一年之變遷。亦以宇宙久大，不可得而知，以為宇宙一期之變遷，

必與一年之變遷相類，乃欲據此以測彼耳。邵子之元會運世，亦此思想也。）此蓋凡研究學術者所不能免，其法亦不得為誤。其所以致誤者，則以其所據之事，有確有不確，其所推得之理，遂有正有不正耳。數術六家，蓋皆欲即天然之見象，以研究其理者。其所根據之見象，有全然不確者，如蓍龜及雜占是也。有所根據之現象雖確，而其研究所得則不確者，如天文、歷譜、五行、形法諸家是也。接於人之見象，大概可分為自然現象、社會現象二者。欲求宇宙之真理，二者固不可遺其一。中國學問，向來偏於社會見象，而缺於自然見象；其有據自然現象，以研究哲理者，則古代之數術家，其先河也。後世之數術家，其思想亦不外此。（學問不能前無所承。中國研究自然見象者，唯有數術家。故少數喜研究自然見象之人，不期而入於此派。）

　　以上論中國古代之哲學竟，以下請略論佛教之哲學。

　　哲學有其質，亦有其緣。以質言，則世界各國，無不從同。以緣言，則各民族因處境之不同，其所從言之者，遂不能無異。前已言之。中國哲學與印度哲學之異同，其理亦不外此。

　　哲學之演進，有其一定之步驟焉。其始也，必將宇宙全體，分析為若干事物（渾淪之宇宙，為人所不能認識。人能知二，不能知一也。故認識即是分別），而於其間立一因果關係；以此事為彼事之原因，此物為彼物之原因。如基督教謂天主造物，七日而成，中國古說謂天神申出萬物，地提出萬物是也。（《說文》佛教不言時間之長，空間之際。有問及者，斥為戲論。見《金七十論》。佛經推原事物，但曰「無始以來」「法爾而有」而已。）稍進，乃知恆人所謂有無者，實為隱顯而非有無。即人能認識與否，而非外物真有所謂有無。乃知一切事物，有則俱有，無則無；彼不因此，此亦不出於彼。萬有之原因，只可即謂之萬有而已。（所謂一切攝一切也）。此則泛神之論所由興也。夫將宇宙分析，

而以此事為彼事之原因，此物為彼物之原因，其說實屬不確。迷信此等說者，其所嚴恭寅畏，不過如世俗之所謂鬼神，如有物焉，臨之在上，質之在旁而已。唯尋常人然後信之，少有思慮者，即唾棄不屑道已。至於泛神之論，則其理確不可易，而宇宙自然之律，其力之大莫與京，亦於是乎見之。此則明於哲學之士，所以恆主隨順自然，利用自然，而不主與自然相抗也。中國之哲學，蓋循此途轍而演進。印度亦然。其在古代，所謂《優婆尼沙士》者，既以代表宇宙之梵，為最尊之神。（印度最古之經典曰《吠》，婆羅門專司之。是為婆羅摩奴之學。其書曰《阿蘭若迦》。譯言《林中書》。以婆羅門之年老者，恆居林中也。即《林中書》而精撰之，曰《優婆尼沙士》。譯言《奧義書》。《奧義書》以梵為宇宙之本體，亦即為我，唯一而無差別。有差別者曰摩耶。摩耶為幻。人能知我與梵一，即得智明。其所以流轉生死者，由為無明所迷，不知差別之為幻也。此已啟佛教唯識之先路矣。）佛教初興，所尊崇者，雖為釋迦牟尼其人；及其進為大乘，則所尊崇者，實為法而非佛。人能如法修行，即可成佛（釋尊即以法為師而自悟者）。見佛固無異見法，見法亦無異見佛；佛之所以威力無邊者，實以其法身而非以其報身。（報身，謂佛其人。法身，即自然之寓言。佛說一念皈依，則諸佛菩薩，同時護念，使之去禍得福，猶言人能為善，則自然律中，必有善報，絲毫不得差忒也。其一心信佛，有所觀見者，是為佛之應身。謂應於人之念慮而有。以今之學理言之，可謂應於人之心理作用而有，亦即人之心理作用所顯現也。是為佛之三身。其說與科學，絕不相背。）然則佛者，法之寓言耳。所謂法者，即宇宙定律之謂也。然則大乘教之所謂佛，即宇宙定律也。故佛教雖似一神教、有神教，而實則泛神論、無神論也。隨順自然之理，佛教中發揮尤切至。佛教貴無為而賤有為，所謂無為，即隨順自然，所謂有為，即與自然相抗之謂也。世間萬事，一切無常，

是即中國人所謂無一息不變之宇宙定律。知其無常而隨順之，是為聖人。強欲使之有常，則凡夫矣。聖凡之分，即在於此。然則佛非異人，所謂佛土，亦非異地。能明乎宇宙定律而遵守之，則娑婆世界，即是淨土；凡夫之身，亦即聖人耳（此地獄之所以頓超也）。此其隨順自然之義，實與《易》、《老》無二致也。此印度哲學與中國同者也。

其與中國異者，則因其處境之不同。蓋人之知識，雖日藉智而得；而智之所指，必有其方；所以定此向方者，則情感也。情之所向，實因其處境而異。中國地居溫帶，為文明所自起之黃河流域，在世界文明發原地中，又頗近於寒瘠，其民非力作則無以自存。故其所殫心者，在如何合群力作，以維其生；以求養生送死之無憾而已。印度則地處熱帶，民生較裕。其所殫心者，不在保其身之生存，而在免其心之煩惱。簡言之：中國人所蘄得者身之存（至多兼安樂言之），印度人所求免者心之苦也。職是故，中國人觀於宇宙而得其變，印度人觀於宇宙而得其空。

何謂中國人觀於宇宙而得其變，印度人觀於宇宙而得其空也？夫宇宙一渾淪之體耳。自其全體而言之，可以謂之至實。若如恆人之見，析宇宙為若干事物；就人所能認識者，則謂之有；所不能認識者，則謂之無；則其所謂有者，亦可謂之至空（如實則實，分析則空。空者所謂真空，實者所謂妙有也）。何則？苟為實有，應不待因緣而成。然世間一切事物，無不待因緣成者；事物所待之因緣，亦無不待因緣成者。則萬事萬物，悉非實有可知。我者，事物之一也。一切事物，皆非實有，我安得獨有？我且無有，安得與我相對之物？我物俱無，更安有於苦樂？此蓋印度人慾求免心之煩惱，乃即世間所謂苦者，而一一窮究其所自來；窮究至極，遂發見此理也。此說也，以理言之，誠亦無以為難。然理論只是理論，終不能改變事實。吾儕所謂我與物者，就當下之感覺言之，固明明可謂之有，有我有物，斯有逆順；有逆順，斯有苦樂矣。此

蓋人人之良知。佛雖有獅子吼之辯，其如此良知何？為佛教者，乃從真空而得妙有，而斷之曰，「萬法唯識」。蓋恆人以物為實，以法為空。自哲學家言之，則物為空而法為實。更進一步，則法物兩空，唯識是實。何也？夫恆人之所謂實者，豈非目可見、身可觸之物邪？其所謂空者，豈非目不可見、手不可捉之宇宙律邪？曰：然。曰：金石者，至堅之物也。至堅者，不渝之謂也。豈不然邪？曰：然。然自礦物學家地質學家言之，金石亦何嘗不變？彼金石者，固自有其所以成，亦終不能免於毀。其成也，蓋循宇宙之定律而成；及其既成，則循宇宙之定律而住；方其住時，已循宇宙之定律而壞；既壞之後，乃成恆人之所謂空；蓋一切與他物同。金石且然，豈況生物？然則恆人之所謂實者，實則無一是實；所可稱為實者，則此一切事物，循之而成，循之而住，循之而壞，循之而空之宇宙律耳（實物無一息不變，定律則無時或息）。此佛教中「我空法有」之說，亦即普通哲學家之見也。更進一步，則離宇宙論而入於認識論矣。夫世界萬事，一切皆空，唯法是實，是則然矣。然所謂法者，果實有之物邪？抑亦吾人之認識所造邪？今日見為赤者，明日必不能變而為黃；一人以為甘者，眾人必不至皆以為苦；似所謂法者，至可信也。然有目疾者，則視一切赤物皆若黃；有胃病者，則嘗一切甘物皆若苦；又何以說之？此則恆人所謂物之真相，實非物之真相，而為認識所成，彰彰矣。人之論事，恆以同自證，以多自信。惡知其所謂同，所以多者，悉由人人所造業力相同；故其所見亦同邪？此唯識一宗，所以謂萬物悉非實有，悉由人類業力所成，亦由人類業力，持使不壞也。（世界真相，實非人之所知。人之所知，只是感官所得之相。此理，今之哲學家，人人能言之。然則吾曹所知，必有吾曹主觀之成分，更無疑矣。設使人類感官，增其一，或闕其一，即其所知，當不復如是。動物有以臭辨別一切者，有以觸辨別一切者，人不能也。然則彼所知之世界，人

不知也。人之腦筋，特異於他動物。叔本華曰：「唯人能笑，亦唯人能哭。」然則人所知之世界，他動物亦不知也。此特以大概言之。若一一細別，則吾之所知者，人不能知；人之所知者，我亦不知。人人自謂所知與人相同，實則無一真同者也。然則一切皆心造無疑矣。佛說創造此等者為第八識。八識能總持萬法而不變壞。法者，人所由以認識世界，康德所謂「先天範疇」也。七識以八識所造之境為緣，恆審思量，執為實有；而所謂我，所謂世界，於是乎成矣。）此其說，實與今之認識論相通。其所異者，則今之認識論，但證明世界真相不可知，一切皆出人之認識而止；而佛教則於此義既明之後，又必有其蘄向之的，修持之法耳。此則以佛教究為教而非徒學故也。

所謂世界，苦邪樂邪？自樂觀者言之，則曰樂，以世界本善也。今之所以不善者，乃其未至於善，而非其終不能善。抑且以進化之理言之，世界終當止於至善也。（亞里斯多德之說即如此。此西人進化之說所由來也。）自悲觀者言之，則世界之為世界，不過如此。今日固不可為善，將來亦未必能善。以其質本惡也。然則欲求去苦得樂，唯有消滅世界耳。此佛教之終極，所以在於涅也。夫世界何自始邪？自恆人言之，則曰：盤古一身，化為萬有；曰：上帝創造，七日而成耳。自不講認識論之哲學家言之，則曰不可知耳。自持唯識論者言，則人有識之始，即世界成立之時；世界者，識之所造也。世界既為識所造，欲消滅世界，唯有滅識耳。故佛教假名識所由起曰「無明」。而曰：「無明生行，行生識，識生名色，名色生六入，入生觸，觸生受，受生愛，愛生取，取生有，有生生，生生生老病死苦。」所謂「十二緣生」，亦即所謂「苦集二諦」也。斷此二諦，時曰「滅諦」。滅也者，滅此識也。滅識非自殺之謂，自殺只能殺其身，不能斷其識也。斷其識者，所謂「轉識成智」也。識所以可轉為智者，以佛教假名一切罪業之本為無明，本來清

淨之體曰「真如」;「真如無明,同體不離」;(佛家喻之以水與波。在今日,則有一更切而易明之譬,生理病理是也。病時生理,異乎平時,然非別有一身;去病還健,亦非別易一身也。)「無明可燻真如而為迷,真如亦可還燻無明而成智也。」佛之所謂寂滅者,雖曰轉識成智,非謂使識消滅。然所謂世界,既系依識而立;識轉為智,即是識滅;識滅,即世界消滅矣。故佛教之究竟,終不離於涅也。

夫如是,則佛教與中國哲學之同異,可知已矣。佛家既謂一切迷誤,皆起於識,則藉智以探求真理,自然無有是處。佛家所謂智,不徒不能藉智以求,且必斷識而後能得,所謂「唯證相應」也。夫如是,則其修持之法,必致漠視事物,而徒致力於一心;而其所謂致力於一心者,又非求以此心,駕馭事物,而在斷滅此心之識。此為佛教進步必至之符。(一種學問,不能無所注重。有所注重,即有所偏矣。治理學者,曷嘗謂當屏棄事物,專談心性?然物莫能兩大,既以心性為重,終必至於遺棄事物,此勢所必至,無可如何者也。佛家六度,萬行,曷嘗偏於寂滅?然既以心識為主,終亦必偏於治內。亦猶理學未嘗教人以空疏,而卒不免於空疏也。)諸宗之所以皆衰,禪宗之所以獨盛,蓋由於此。又中國人之所求,為處置事物。處置事物,至當不易之道,唯有一點,是為儒家所謂中庸。仁義皆善,過即為惡(理學家所謂「無善惡,只有過不及;中即善,過不及即惡」也)。佛教既以去苦為的,較之中國,自不能不偏於仁。其所謂「菩薩行」者,即純然一有人無我之境界。(讀《華嚴經》,最可見之,佛說四聖:曰「佛」,曰「菩薩曰」,「緣覺」,曰「聲聞」。緣覺,聲聞,因怖畏生死而修道,猶有我之見存,故大乘斥其不足成佛。菩薩則全與恆人相反。恆人唸唸不離乎我,菩薩唸唸有人無我。基督所行,方佛斯義。猶有人我之見存,與恆人處於對待之地位,未為盡善也。佛則超乎對待之境之外矣。佛教以超出世界為

027

宗旨，故必至佛而後為究竟。然佛無可學，恆人所能學者，止於菩薩。行菩薩行，所以蘄成佛也。）故可委身以飼餓虎，又可任人節節支解，不生瞋怒。由中國之道言之，則過於仁而適成為不仁矣。

佛教修持之宗旨，可攝以一語，曰：「悲智雙修。」所謂悲者，本於佛教之悲觀。其視世界，徹始徹終，皆為罪惡，無可改良之理。欲求善美，唯有舉此世界而消滅之耳。故其視世界之內，無一人一物而非流轉苦海，無一人一物而不可悲可憫也。所謂智者，則為救此世界之法所自出。必深觀此世界之究竟，乃能知其致苦之由，乃知所以救之之道。救之之道既得，則一切善巧方便，皆自此出焉。其修持之法，亦可攝以一語，曰：「止觀雙修。」止非寂然不動之謂，而常在正念之謂（若以寂然不動為正念，則亦可。所謂「正念者無念」也），所謂「十二時中，常念於法，不相捨離」也。蓋天下之禍，成於著而實起於微。一千九百十四年歐洲之大戰，其禍可謂博矣。推厥由來，則曰：由各民族有互相疾惡之心也。由資本家皆思人以自肥也。各民族何以有互相疾惡之心？各資本家何故皆思人以自肥？其所由來者遠矣。不能拔其本，塞其原，而徒欲去其相疾惡之心，與其人自肥之念，無益也。然此等原因，極為深遠；推得一層，又有一層在其後，則將奈何？曰：原因雖極繁複，而其性質則極簡單。一言蔽之，曰：不正之念而已。一人起不正之念，則必傳遞激動第二人。第二人又激動第三人。如水起微波，漸擴漸大。其極，遂至於懷山襄陵，浩浩滔天。然分析之，原不過一一微波之相激。苟能使千萬微波，同時靜止，水患固可以立除。即能於千萬微波中，靜止其一二，其靜止之力，亦必足以殺洶湧之勢，猶其洶湧之勢，足以破靜止之局也。要之止波其本矣，此止之義也。觀則所以求智。世界上事，恆人但觀其表面，故其論皆似是而非。佛則必須觀鑒到底。故世俗所謂大善，自佛觀之，悉成罪業。且如愛國、愛世界，豈非

世俗以為大善者哉？然愛其國，則必不愛異國，而兩國相爭，伏屍流血之禍，伏於此矣。貪戀執著，禍之所由起也。愛世界而不知其方，使貪戀執著之情，波及於人人而不可拔，亦為世界造禍也。故恆人之所謂善，佛譬之「以少水沃冰山，暫得融解，還增其厚」。然則人固當常念於法，而何者為法，非觀鑒極深，亦何由知之哉？此止觀二者，所以如車兩輪，如鳥雙翼，不可偏廢也。

佛教立說之法，亦有與中國人異者，曰：「徹底。」中人重實務。先聖先賢之說，大抵就事論事之言。誠不敢謂先聖先賢，不知究極之理，然其所傳之說，則固以就事論事者為多矣。佛家則不然。每立一說，必審其所「安立」之處。曰「某說在某種標準之下言之，若易一標準，則不如是矣」。曰「某法不過一種方便，若語其究竟，則不如此矣」。此等處，中國多不之及，佛家則極為謹嚴。故其說路路可通，面面無病。稱佛說者，所由以圓字美之也。此實印度人言語之法，與中國不同也。

以上所述，中國古代之哲學，乃理學家之所取材也。佛教之哲學，則或為其所反對，或為其所攝取者也。明乎此，而理學可以進論矣。

篇三　理學源流派別

　　自宋以來，以理學名家者甚多。一一講之，勢將不可勝講。諸家有自有發明者，亦有僅守前人成說者。今先略述其源流派別。以下乃就其確有特見者，以次講之。

　　宋學先河，當推安定（胡瑗，字翼之，泰州如皋人。世居安定，學者稱安定先生）、泰山（孫復，字明復，晉州陽平人。退居泰山，學者稱泰山先生）、徂徠（石介，字守道，奉符人。居徂徠山下，魯人稱為徂徠先生）。黃東發謂「本朝理學，雖至伊洛而精，實自三先生始」是也。安定於教育最有功。其在湖學，分經義、治事為兩齋，為宋人之學純於儒之始；亦宋儒喜言經世之學之始。泰山作《春秋尊王發微》，為宋學重綱紀、嚴名分之始。徂徠作《怪說》、《中國論》，以譏斥佛、老時文，則宋學排二氏黜華採之始也。三先生者，雖未及心性之精微，然其為宋學之先河，則卓然不可誣矣。

　　三先生同時，名儒甚多。其兼為名臣者：則有若范文正（范仲淹，字希文，蘇州吳縣人。文正之學，原出戚同文。同文，字同文，楚丘人。文正四子：長純，字天成。次純仁，字堯夫。次純禮，字彝叟。次純粹，字德孺。堯夫學最著。安定、泰山、徂徠，皆客文正門，堯夫皆從之遊。又從南城李覯。覯，字泰伯，學者稱盱江先生。橫渠少時喜言兵，嘗欲結客取洮西。謁文正。文正曰：「名教中自有樂地，何事於兵？」授以《中庸》。乃然志於道。故橫渠之學，實文正啟之也）、韓忠獻（韓琦，字稚圭，安陽人）、歐陽文忠（歐陽修，字永叔，吉州廬陵人）、富文忠（富弼，字彥國，河南人）、司馬文正（司馬光，字君實，陝州夏縣人）。而司馬氏最著。傳其學者，劉忠定（劉安世，字器之，大名人。忠定學最篤實。嘗問涑水：「有一言而可終身行之者乎？」曰：「其誠乎？」問其目。曰：「自不妄語始。」學之七年而後成）、范正獻（范祖禹，字淳夫，一字夢得，華陽人。文正子康，字公休，又從正獻

學）、晁景迂也（晁說之，字以道，澶州人。傳涑水之數學）。其窮而在下，或雖仕宦而不以勳業著者：則有齊魯之士、劉（士建中，字希道，鄆州人。與泰山同時。泰山最推重之。徂徠亦服膺焉。劉顏，字子望，彭城人），閩中之四先生（陳襄，字述古，學者稱古靈先生。陳烈，字季慈，學者稱季甫先生。鄭穆，字閎中。周希孟，字公闢。四先生皆侯官人。少後於安定，而在周、程、張、邵之前。講學海上，有四先生之目。宋人溯道學淵源不之及。全謝山修《宋元學案》，為立《古靈四先生學案》），明州之楊、杜（楊適，字安道，慈溪人。杜淳，居慈溪），永嘉之儒志、經行（王開祖，字景山，學者稱儒志先生。丁昌期，學者稱經行先生。皆永嘉人），杭之吳師仁（字坦求，錢塘人），皆與湖學桴鼓相應。而閩中之章、黃（章望之，字表民，浦城人。黃，字景微，建安人），亦古靈一輩人。關中之申、侯（侯可，字無可，其先太原人，徙華陰，主華學二十年。為學極重禮樂。申顏，侯氏之友），開橫渠之先路。蜀之宇文止止（宇文之邵，字公南，綿竹人），則范正獻之前茅也。

　　宋學之確然自成為一種學問，實由周（周敦頤，字茂叔，道州營道人。知南康軍，家廬山蓮花峰下，有溪合於溢江，取營道故居濂溪名之）、程（程顥，字伯淳，洛陽人，學者稱明道先生。弟頤，字正叔，初稱廣平先生，後居伊陽，更稱伊川先生）、張（張載，字子厚，鳳翔縣橫渠鎮人）、邵（邵雍，字堯夫，范陽人。曾祖家衡漳，先生幼從父遷河南。元賜諡康節）。康節之學偏於數。理學家不認為正宗。橫渠之學純矣。然小程謂其「苦心極力之象多，寬裕溫和之氣少」，後人尊之，亦遂不如濂溪之甚。濂溪作《太極圖說》及《通書》，實為宋儒言哲學之首出者。二程少嘗受業於濂溪，長而所學實由自得。然周子以主靜立人極，明道易之以主敬，伊川又益之以致知，其學實一脈相承；朱子又謂

二程之學，出自濂溪；後人遂尊為理學之正宗焉。

　　與五子同時者，有范蜀公（范鎮，字景仁，華陽人。祖禹其從孫也。蜀公猶子百祿，及從曾孫沖，亦皆理學家）、呂申公（呂公著，字晦叔，東萊人。諡正獻）、韓持國（韓維，諡持國，穎昌人）；又有呂汲公（呂大防，字微仲，其先汲郡人，祖葬藍田，因家焉。諡正愍）、王彥霖（王巖炎，字彥霖，大名清平人）；又有豐相之（豐稷，字相之，鄞縣人）、李君行（李潛，字君行，虔州興國人）。雖不足與於道統，亦五子之後先疏附也。

　　術數之學，在中國本不盛，故傳邵子之學者頗少。伯溫（伯溫，字子文。南渡後，趙鼎從之學。鼎字元鎮，聞喜人）雖號傳家學，實淺薄不足觀也。張子為豪傑之士，其學又尚實行，故門下多慷慨善言兵。（種師道，字彝叔，洛陽人，為北宋名將。范育，字巽之，州三水人。遊師雄，字景叔，武功人。皆與於平洮河之役，爭元棄熙河。李復，字履中，長安人，喜言兵。張舜民，字藝叟，州人，亦慷慨喜言事。）而三呂（呂大忠，字晉伯，大防兄。大鈞，字和叔；大臨，字與叔，皆大防弟）尤為禮學大宗。（三呂皆並遊張、程之門，然於張較厚。和叔知則行之，無所疑畏，論者方之季路。嘗撰《鄉約》。又好講井田、兵制，撰成圖籍皆可施行。喪祭一本古禮。推之冠、昏、飲酒、相見、慶吊，皆不混習俗。橫渠謂「秦俗之變，和叔有力焉」。小程子嘗謂與叔守橫渠說甚固。橫渠無說處皆相從，有說處便不肯回。可見三呂皆篤於張氏矣。）二程之門，最著稱者為遊（遊酢，字定夫，建州建陽人。學者稱廌山先生）、楊（楊時，字中立，南劍將樂人）、尹（尹焞，字彥明，一字德充，洛陽人。學者稱和靖先生）、謝（謝良佐，字顯道，壽春上蔡人）。遊氏書不傳，弟子亦不著。謝氏之門，最著者為朱漢上（朱震，字子發，荊門軍人）。然漢上《易》學，實由自得，不出師門也。尹氏

最後起，守師說亦最醇（謝氏以覺言仁，實啟象山之學。遊、楊二家，晚亦好佛），其傳亦不廣。唯龜山最老壽，遂為洛學大宗。

　　龜山之學，傳之羅豫章（羅從彥，字仲素，南劍人。學者稱豫章先生）。延平（李侗，字願中，南劍人）、韋齋（朱松，字喬年，婺源人。朱子之父。為尤溪縣尉，因家焉。學者稱韋齋先生），皆師豫章。而胡文定（胡安國，字康侯，崇安人）與遊、楊、謝三先生，義兼師友。其子五峰（宏，字仁仲。其兄寧，字和仲，學者稱茅堂先生。茅堂治《春秋》。文定作《春秋傳》，修纂檢討，皆出其手）、致堂（寅，字明仲。實文定兄子。其母不欲舉，文定夫人子之）皆學於豫章。籍溪（憲，字原仲，文定從父兄子，居籍溪，學者稱籍溪先生）、邦衡（胡銓，字邦衡，廬陵人。從鄉先生蕭子荊學《春秋》，卒業於文定）則學於文定。朱子（朱熹，字元晦，一字仲晦，初居崇安五夫，築書院於武夷之五曲，榜曰紫陽，識鄉關也。後築室建陽蘆峰之巔，曰雲谷。其草堂曰晦庵。自號雲谷老人，亦曰晦庵，曰晦翁。晚更居考亭。築精舍曰滄洲。號滄洲病叟。趙汝愚竄永州，將諫。門人諫。筮之遇《遯》之《同》人。乃取稿焚之，自號曰遯翁）初師屏山（劉子翬，字彥沖，崇安人。子，子羽弟也）、籍溪、白水（劉勉之，字致中，崇安人。以女妻朱子。白水師元城及龜山），而卒業於延平、南軒（張，字敬夫，一字樂齋，號南軒，廣漢人。遷於衡陽。浚子）之學，出於五峰。呂成公亦嘗師籍溪。又事汪玉山（呂祖謙，字伯恭，公著後也。好問，始居婺州。北宋理學，呂氏最盛，韓氏次之，詳見《宋元學案》。汪應辰，字聖錫，信州玉山人）。玉山者，橫浦（張九成，字子韶，錢塘人。自號橫浦居士。又號無垢居士）弟子；橫浦亦龜山弟子，故南渡後三先生之學，實皆出於龜山者也。

　　乾淳三先生，呂張皆早世，唯朱子年最高，講學亦最久，故其流傳最遠。南軒之學，盛於湖湘，流衍於蜀，閱數傳而漸微。呂氏同氣，子約（成公弟，名祖儉。學於成公。諡忠）、泰然（成公從弟，名祖泰。居宜興。趙汝愚之罷，子約論救，安置韶州。後移筠州，卒。泰然詣登聞鼓院上書，請誅侂胄。配欽州，卒），皆以忠節著。浙學好言文獻，皆可謂呂氏之遺風。然如永嘉、永康，偏於功利，殊失呂氏之旨。（永嘉之學，始於薛季宣。季宣，字士龍，永嘉人。師事袁道潔。道潔師事二程，季宣加以典章制度，欲見之事功。陳傅良、葉適繼之，而其學始大。傅良，字君舉，瑞安人。適，字正則，永嘉人。永康之眉目為陳亮，字同甫，永康人，學者稱瑞安先生。）王伯厚（王應麟，字伯厚，慶元鄞縣人，學者稱厚齋先生）長於經制，全謝山以為呂學大宗，實則其學問宗旨，亦與朱氏為近也。

　　朱門之著者：有蔡西山父子（蔡元定，字季通，建之建陽人，居西山。子沈，字仲默），其律曆象數之學，足補師門之闕。勉齋（黃幹，字直卿，閩縣人）以愛婿為上座，實能總持朱子之學。勉齋歿而後異說興，猶孔門七十子喪而大義乖矣。勉齋之學，一傳而為金華（何基，字子恭，金華人。居金華山，學者稱金華先生），再傳而為魯齋（王柏，字會之，金華人）、白雲（許謙，字益之，金華人。學者稱白雲先生）、仁山（金履祥，字吉父，蘭溪人。居仁山下，學者稱仁山先生）、雙峰（饒魯，字伯輿，一字仲元，餘干人，築石洞書院，前有兩峰，因號雙峰），皆卓有聲光。輔漢卿（輔廣，字漢卿，號潛庵，崇德人）學於朱子，兼受學於成公。其傳為魏鶴山（魏了翁，字華父，邛州蒲江人。築室白鶴山下，學者稱鶴山先生）。詹元善（詹體仁，字元善，浦城人）亦學於朱子，其傳為真西山（真德秀，字景元，後更曰希元，建之浦城人），皆宋末名儒。詹氏再傳，輔氏四傳而得黃東發（黃震，字東發，慈溪人。學者稱於越先生。東發學於餘端臣及王。

學於詹元善，端臣學於韓性。性，字明善，私諡曰莊節先生。性之學，出自其父翼甫。翼甫，字灼齋，會稽人，輔漢卿之弟子也），則體大思精，又非其師所能逮矣。此朱學之在南者也。其衍於北者，始於趙江漢（趙復，字仁甫，德安人，學者稱江漢先生。元屠德安，姚樞在軍前，以歸。教授於燕。北方始知有程朱之學）。姚樞（字公茂，柳城人，後徙洛陽。樞從子燧，字端甫，學於許衡）、許衡（字仲平，河內人，學者稱魯齋先生）、郝經（字伯常，澤州陵川人）、劉因（字夢吉，雄州容城人，學者稱靜修先生），皆出其門。朱學自宋理宗時，得朝廷表章；元延科舉，又用其法，遂如日中天矣。

洛學明道、伊川，性質本有區別。學於其門者，亦因性之所近，所得各有不同。故龜山之後為朱，而上蔡、信伯，遂啟象山之緒。（朱子謂上蔡「說仁說覺，分明是禪」。又謂「今人說道。愛從高妙處說，自上蔡已如此」。又云：「上蔡之說，一轉而為張子韶。子韶一轉而為陸子靜。」案上蔡近乎剛，龜山近乎柔。朱子謂「上蔡之言，多踔厲風發；龜山之言，多優柔平緩」是也。王蘋，字信伯。世居福之福清，父徙吳。師伊川。龜山最稱許之。全謝山曰：「象山之學，本無所承。東發以為遙出上蔡，予以為兼出信伯。」案信伯嘗奏高宗：「堯、舜、禹、湯、文、武之道，若合符節。非傳聖人之道，傳其心也。非傳聖人之心，傳己之心也。己之心，無異聖人之心，萬善皆備。欲傳堯、舜以來之道，擴充此心焉耳。」可見其學之一斑。）金溪之學，梭山啟之，復齋昌之，象山成之，與朱學雙峰並峙。（象山兄弟六人：長九思，字子強。次九敘，字子儀。次九皋，字子昭，號庸齋。次九韶，字子美，講學梭山，號梭山居士。次九齡，字子壽，學者稱復齋先生。次九淵，字子靜，號存齋，結廬象山，學者稱象山先生。）傳陸學者，為明州四先生（舒沈，字元質，一字元賓，奉化人。沈煥，字叔晦，定海人。袁燮，字和叔，鄞縣人。楊簡，字敬仲，慈溪人，築室德潤湖上，更其名

曰慈湖）。袁、楊仕宦高，其名較顯。袁言有矩矱，楊則頗入於禪。攻象山者，每以為口實焉。朱子門下，闢陸氏最力者為陳安卿（陳淳，字安卿，龍溪人），至草廬而和會朱、陸（吳澄，字幼清，學者稱草廬先生，撫州崇仁人。繼草廬而和會朱、陸者，又有鄭師山。名玉，字子美，徽州歙縣人。嘗構師山書院，以處學者，故稱師山先生。論者謂師山多右朱，草廬多右陸）。陸氏門下，至安仁三湯，而息庵、存齋，皆入於朱，唯晦靜仍守陸學。（湯幹，字升伯。學者稱息庵先生，安仁人。弟巾，字仲能，學者稱晦靜先生。中，字季庸，學者稱存齋先生。）傳之從子東澗（湯漢，字伯紀）及徑阪（徐霖，字景說，衢之西安人。謝疊山其門人也。疊山名枋得，字君直，弋陽人）。徑阪之後，陸學衰。靜明（陳苑，字立大，江西上饒人。學者稱靜明先生）、寶峰（趙偕，字子永，宋宗室之後。慈溪人。隱大寶山之東麓，學者稱寶峰先生），得其遺書而再振之。元代科舉用朱，朱學幾於一統。至明，王陽明出，乃表章陸氏焉。

　　元代理學，不過衍紫陽之緒餘，明人則多能自樹立者，而陽明其尤也。明初學者，篤守宋儒矩矱。方正學（方孝孺，字希直，台州寧海人。自名其讀書之堂曰正學。正學大節凜然，論者謂其「持守之嚴，剛大之氣，與紫陽相伯仲」焉）、曹月川（曹端，字正夫，號月川，河南澠池人，劉蕺山云：方正學後，斯道之絕而復續，實賴曹月川。即薛敬軒，亦聞其風而興起者）、吳康齋（吳與弼，字子傅，號康齋，撫州崇仁人。刻苦奮厲，辭官躬耕。或譏其所學未見精微，然其克己安貧，操持不懈，凜乎其不可犯，要不易及也）、薛敬軒（薛，字德溫，號敬軒，山西河津人。其學兢兢於言行間檢點，恂恂無華，可謂恪守宋人矩矱。然有未見性之譏），皆其卓卓者。河東之學，傳諸涇野（呂，字仲木，號涇野，陝之高陽人。涇野講學，所至甚廣，講席幾與陽明中分。一時篤

行之士，多出其門）、三原（王恕，字宗貫，號介庵，晚又號石渠，陝之三原人），仍重禮樂，篤躬行，存關學之面目，與師門少異其趣。康齋之學，傳諸白沙，主張「靜中養出端倪」，則於師門大變手眼矣。（陳獻章，字公甫，號石齋，新會白沙裡人。諡文恭。康齋弟子：又有胡居仁，字叔心，饒州餘干人。學者稱敬齋先生。婁諒，字元貞，號一齋，廣信上饒人。一齋以收放心為居敬之門，以何思何慮、勿忘勿助為居敬要詣。敬齋闢之，謂其陷入異教。）論者謂「有明之學，至白沙而後精，至陽明而後大」，白沙實陽明之前驅也。

有明之學，自當以陽明（王守仁，字伯安，餘姚人）為大宗。理學名家，非衍陽明之緒餘，即與陽明相出入者也。陽明之學，蓋承朱學之敝而起。其學實近法象山，遠承明道，特較象山、明道，尤精且大耳。傳陽明之學者，當分浙中、江右、泰州三大派：浙中之學，以龍溪、緒山為眉目。（浙中王門，實以徐日仁為稱首。日仁名愛，號橫山，餘姚人，陽明之內兄弟也。受業最早。及門有未信者，日仁輒為之騎郵，門人益親。陽明稱為吾之顏淵。早卒。龍溪、緒山，講學最久，遂為王門之翹楚。龍溪王氏，名畿，字汝中，山陰人。緒山錢氏，名德洪，字洪甫，餘姚人。）江右則東廓（鄒守益，字謙之，江西安福人）、念庵（羅洪先，字達夫，江西吉水人）、兩峰（劉文敏，字宜充，安福人）、雙江（聶豹，字文蔚，江西永豐人）及再傳塘南（王時槐，字子植，安福人。師兩峰）、思默（萬廷言，字以忠，江西南昌人。師念庵），皆有發明。泰州多豪傑之士，其流弊亦最甚。末年得劉蕺山（劉宗周，字起東，號念臺，山陰人）提唱慎獨，又王學之一轉手也。與王學同時角立者，有止修、甘泉二家（李材，字孟誠，號見羅，江西豐城人，以止修二字為學鵠。湛若水，字元照，號甘泉，廣東增城人。師白沙）。其繼起而矯正其末流之弊者，則東林中之高、顧也（高攀龍，字存之，別號景逸。

顧憲成，字叔時，別號涇陽。皆常州無錫人。涇陽契陽明，而深闢無善無惡之論）。

明末大儒：梨洲（黃宗羲，字太沖，餘姚人）、夏峰（孫奇逢，字啟泰，號鍾元，北直容城人）、二曲（李中孚，周至人。家在二曲間，學者稱二曲先生）皆承王學；而亭林（顧炎武，初名絳，字寧人，崑山人）、船山（王夫之，字而農，號姜齋，衡陽人）、蒿庵（張爾岐，字稷若，濟陽人）、楊園（張履祥，字考夫，號念芝。居桐鄉之楊園，學者稱楊園先生，楊園嘗師蕺山，然學宗程、朱）、桴亭（陸世儀，字道威，太倉人），則皆宗朱。其後清獻起於南（陸隴其，字稼書，平湖人，闢陸王最力），清恪起於北（張伯行，字孝先，號敬庵，儀封人），而學風乃漸變。湯文正（湯斌，字孔伯，號荊峴，晚號潛庵，睢州人）嘗師夏峰，後亦折入程、朱，但不闢陸、王耳。清代名臣，負理學重名者頗多，皆宗朱；然實多曲學阿世之流，心學承晚明之猖狂，彌以不振；蓋至是而宋明之哲學，垂垂盡矣。

篇四　濂溪之學

　　一種新哲學之建立，必有一種新宇宙觀、新人生觀，前已言之。宋代哲學，實至慶曆之世，而始入精微。其時創立一種新宇宙觀及人生觀者，則有若張子之《正蒙》，司馬氏之《潛虛》，邵康節之《觀物》。司馬氏之書，不過揚子《太玄》之倫。邵子之說頗有發前人所未發者。然術數之學，中國本不甚行，故其傳亦不盛。張子之說醇矣，然不如周子之渾融。故二程於周子，服膺較深。朱子集北宋諸家之成，亦最宗周、程焉。而周子遂稱宋學之開山矣。

　　周子之哲學，具於《太極圖說》及《通書》。《太極圖說》或議其出於道家，不如《通書》之純。此自昔人存一儒釋道之界限，有以致之。其實哲學雖有末流之異，語其根本，則古今中外，殆無不同；更無論儒道之同出中國者矣。《通書》與《太極圖說》相貫通。《通書》者，周子之人生觀；《太極圖說》，則其宇宙觀也。人生觀由宇宙觀而立。廢《太極圖說》，《通書》亦無根柢矣。朱子辨《太極圖說》，必為濂溪所作，而非受諸人（潘興嗣作周子《墓誌》，以《圖》為周子自作，陸象山以為不足據），其說誠不可信。然謂「傳者誤以此圖為《通書》之卒章，而讀《通書》者，遂不知有所總攝」，則篤論也。

　　《太極圖》之出於道家，殆不可諱。然周子用之，自別一意，非道家之意也。（見右）所謂《太極圖》者，如右：上一圈為太極。太極不能追原其始，故曰「無極而太極」。次圈之黑白相間者為陰靜陽動（黑為陰靜，白為陽動）。陰居右，陽居左。陽變為陰，陰變為陽，故左白右黑之外，間以左黑右白一圈，其外則復為左白右黑焉（次圖之中一白圈，即太極）。其下為水、火、木、金、土五小圈。水、金居右，火、木居左者，水、金陽而火、木陰也。土居中，沖氣也。水、火、木、金、土，上屬於第二圈，明五行生於陰陽也。下屬於第四圈，明人物生於五行也。水、火、木、金、土各為一小圈，所謂「五行各一其性」

也。其序：自水之木，自木之火，自火之土，自土之金，沿《洪範》五行首水，及古人五行配四時之說，所謂「五氣順布而四時行」也。下一圈為「乾道成男，坤道成女」，明萬物所由生也。又下一圈曰「萬物化生」，人亦萬物之一，實不可分作兩圈，周子蓋沿道家舊圖，未之改也。（周子之意，或以「乾道成男，坤道成女」為抽象之言，不指人。）

　　周子之說此圖也，曰：「無極而太極。太極動而生陽，動極而靜。靜而生陰，靜極復動。一動一靜，互為其根。分陰分陽，兩儀立焉。陽變陰合，而生水、火、木、金、土，五氣順布，四時行焉。五行一陰陽也，陰陽一太極也，太極本無極也。五行之生也，各一其性。無極之真，二五之精，妙合而凝。乾道成男，坤道成女。二氣交感，化生萬物。萬物生生，而變化無窮焉。」按此周子根據古說，以說明宇宙者也。古有陰陽五行之說，已見前。二說在後來，久合為一，而推原其始，則似系兩說。以一為二元論，一為多元論也。其所以卒合為一者，則以哲學所求，實為唯一，多元二元之說，必進於一元而後安。五行之說，分物質為五類，乃就認識所及言之。其後研究漸精，知人所能認識之物質，與其不能認識，而指為虛空者，實無二致。其所以或能認識，或不能認識者，則以物質有聚散疏密之不同，自人觀之，遂有隱顯微著之各異耳。至此，則認識所及之水、火、木、金、土，與認識所不及之至微之氣，可以並為一談。而五行之多元

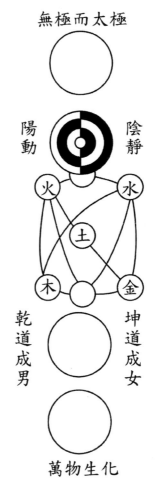

論，進為一元矣。陰陽之說，蓋因「男女構精，萬物化生」悟入。其始蓋誠以陰陽為二體。研究漸精，乃知所謂陰陽者，特人所見現象之異，其本體，初不能謂為不同。於是陰陽二者，可謂同體而異用。乃為之假立一名曰太極。而陰陽二元之論，亦進為一元矣。二說既同進為一元，自可合併為一說。乃以太極為世界之本體，世界之現象，為人所認識者，實為變動。則以陰陽之變化說之，而二者仍為同體而異用；此所以說世界流轉之原理。若以物質言：則一切物之原質，皆為氣；水、火、木、金、土，皆此氣之所為；萬物之錯綜，則又五行之所淆而播也。氣之所以分為五行，五行之所以淆而為萬物，則以不可知之太極。無始以來，即有此一靜一動之變化也。此乃自古相傳之說，周子亦不過融會舊文，出以簡括之辭耳，非有所特創也。

中國無純粹之哲學，凡講哲學者，其意皆欲措之人事者也。周子亦然。故於說明宇宙之後，即繼之以人事。曰：「唯人也，得其秀而最靈。」此言人之所以為人也。曰：「形既生矣，神發知矣。五性感動，而善惡分，萬事出矣。聖人定之以仁、義、中、正，而主靜，立人極焉。」此為周子之人生觀。凡一元論之哲學，必將精神物質，並為一談（一物而兩面）。此等思想，中國古代亦已有之。其分人性為仁、義、禮、智、信五端，以配木、金、火、水、土五行是也。周子亦沿其說。思想淺薄之時，恆以為善惡二者，其質本異。迨其稍進，乃知所謂善惡者，其質實無不同，特其所施有當有不當耳。至此，則二元論進為一元矣。周子之說亦如是。周子既沿舊說，以五性配五行，又總括之為仁義兩端，以配陰陽。仁義二者，皆不可謂惡也。更進一步言之，陰陽同體而異用，仁義亦一物而二名（視其所施而名之）。慾陰伏陽，特其用之有當有不當，而其本體（太極）。初無所謂惡；則人之行為，所以或失之剛，或失之柔者，亦不過其用之或有不當，而其本體初無所謂惡；此世界之本體，所以至善，亦人性之所以本善也。然則所謂善惡者，即行

為當不當之謂而已（不論其所施，而但論其行為，則無所謂善惡）。世界之現象，自認識言之，無所謂靜也，只見其動耳。然自理論言之，固可假設一與動相對之境，名之曰靜。本體既無所謂惡；所謂惡者，既皆出於用，則固可謂靜為善，動為惡，然則人而求善，亦唯求靜境而處之而已矣（恢複本體）。然認識所及，唯是變動；所謂靜境，不可得也。乃進一步而為之說曰：世界本體不可見，可見者唯現象，本體即在現象之中。然則靜境亦不可得，靜即在乎動之中。人之所求，亦曰動而不失其靜而已矣（雖墮落現象界，而仍不離乎本體）。動而不失其靜者，用而不離乎體之謂也，用而不離乎體者，不失其天然之則之謂也。以幾何學譬之，所謂真是，唯有一點。此一點，即人所當守之天則，即至當之動，而周子之所謂中正也。然此一點非有體可得，仍在紛紜蕃變之中。蓋人之所為，非以為人，即以為我。為人，仁也。為我，義也。欲求於仁義之外，別有一既不為人，又不為我之行為，卒不可得。然則欲求中正，唯有即仁義之施無不當者求之。而欲求仁義，亦必毋忘中正而後可。否則不當仁而仁，即為不仁；不當義而義，即為不義矣。故仁義同實而異名，猶之陰陽同體而異用。陰陽之體，所謂太極者，唯有假名，更無實體。仁義之體，所謂中正者亦然也。然則所謂善者，即仁義之施無不當者也。施無不當，則雖動而不離其宗。雖動而不離其宗，則動如未動。動如未動，固可以謂之靜，此則周子之所謂靜也。此為道德之極致，故命之曰「人極」。能循此，則全與天然之則合，所謂「聖人與天地合其德，與日月合其明，與四時合其序，與鬼神合其吉凶」也。能循此者，必獲自然之福；而不然者，則必遇自然之禍，所謂「君子修之吉，小人悖之凶」也。此以行為言也。若以知識言：則現象之紛紜蕃變，不外乎陰陽五行；陰陽五行，又不離乎太極。能明此理，則於一切現象，無不通貫矣。所謂「原始要終，故知死生之說」也。周子蓋由《易》悟入，亦自以為祖述《易》說，故於篇末贊之曰：「大哉《易》

也，斯其至矣」也。

《太極圖說》雖寥寥數百言，然於世界之由來，及人所以自處之道無不備，其說可謂簡而賅。宜朱子以為「根極領要；天理之微，人倫之著，事物之眾，鬼神之幽，莫不洞然，畢貫於一」也。

《太極圖說》推本天道以言人事，《通書》則專言人事，然其理仍相通。故朱子以為廢《太極圖說》，則《通書》無所總攝也。《太極圖說》所言自然界之理，《通書》名之曰「誠」。誠者，真實無妄之謂。自然界之事，未有不真實者也。故曰：「大哉乾元，萬物資始，誠之原也。乾道變化，各正性命，誠斯立焉。」自然界之現象，見其如此，即系如此，更無不如此者之可言，是為誠。自然界之現象，人所認識者，為變動不居；從古以來，未嘗見其不動；則動即自然界之本相也。然則誠與「動」一物也。故曰：「至誠則動，動則變，變則化。」聖人當與天地合其德，《通書》以誠稱自然界，故亦以誠為聖人之德，曰：「聖，誠而已矣。」人之所知，止於現象。然自理論言之，固可假說一實體界，以與動相對。惡既皆屬現象，固可謂由動而生；則動最當慎。此由靜至動之境（即自實體界入現象界），周子名之曰「幾」。所謂「動而未形，有無之間」也。本體無善惡可言，動則有善惡矣。故曰：「誠無為，幾善惡。」又曰：「吉凶悔吝生乎動，吉一而已，可不慎乎」也。

動之循乎當然之道者為善，不循乎當然之道者為惡。循乎當然之道者，動而不失其則者也，所謂誠也。不循乎當然之道者，動而背乎真實之理者也，所謂「妄」也（如人四體之動，順乎生理者為誠，逆乎生理者為妄）。人之動作，貴合乎天然之理，故當袪其妄而復其誠。故曰：「誠，復其本善之動而已矣。不善之動，妄也。妄復則無妄矣，無妄則誠矣。」

本善之動為道。道之名，自人所當循之路言之也。自其畜於身，見於事為者言之，則曰德。德也，道也，二名一實，特所從言之者異耳。德之目，周子亦如古說，分為仁、義、禮、智、信，而又以仁義二端總

括之。禮者，所以行之而備其條理。智者，所以知之。信者，所以守之。而所行、所知、所守，則仍不外乎仁義。故曰：「聖人之道，仁義中正而已矣。」其說全與《太極圖說》合。

　　人性之有仁義，猶天道之有陰陽，道地之有剛柔，其本體皆不可謂之惡也。故世界本無所謂善，協乎兩者之中而已矣。亦無所謂惡，偏乎兩者中之一而已矣。故曰：「性者，剛、柔、善、惡，中而已矣（見諸事乃可云仁義。此但就性言，故曰剛柔）。剛：善為義，為直，為斷，為嚴毅，為幹固。惡為猛，為隘，為強梁。柔：善為慈，為順，為巽。惡為懦、弱，為無斷，為邪佞。」義也，直也，斷也，嚴毅也，幹固也，非實有其體也，剛之發而得其當焉者也。猛也，隘也，強梁也，亦非實有其體也，剛之發焉而不得其當者也。柔之善惡視此。然則天下信無所謂善惡，唯有中不中而已。故曰：「唯中也者，和也，中節也，天下之達道也，聖人之事也。故聖人立教，俾人自易其惡，自至其中而止矣。」

　　然則人何以自易其惡而止於中哉？逐事檢點，固已不勝其勞。抑且未知何者謂之中，自亦無從知何者謂之偏。苟能知何者謂之中，則但謹守此中焉足矣。夫人之本體，本能止於中者也。所以失其中者，以其有不當之動也。不當之動，始萌於欲，而終著於事為者也。人能無慾，則自無不當之動矣。無慾，所謂靜也，亦所謂一也。無慾則動無不當矣。動無不當，則不離乎當然之境而謂之靜，非謂寂然不動，若槁木死灰也。（《通書》曰：「動而無靜，靜而無動，物也。動而無動，靜而無靜，神也。動而無動，靜而無靜，非不動不靜也。」此之謂也。）故曰：「聖可學乎？曰：可。有要乎？曰：有。請問焉。曰：一為要。一者，無慾之謂也。無慾則靜虛動直。靜虛則明，明則通。動直則公，公則溥。明通公溥，庶矣乎？」夫人之所求，動直而已；而動直之本，在於靜虛；此《太極圖說》，所以謂「聖人以主靜立人極」也。故「主靜」實周子之學脈也。

　　中者，當然之則而已矣。當然之則，非人人所能知之也。必先求知之，然後能守之。求而知之者，智識問題。既知之，又求行之，則行為問題也。周子為理學開山，但發明其理，於修為之方，尚未及詳，故注重於思。《通書》曰「無思而無不通為聖人。不思則不能通微，不睿則不能無不通。是則無不通生於通微，通微生於思。是故思者，聖功之本，而吉凶之幾」是也。程朱格物窮理之說，蓋本諸此。

　　以上所言，皆淑身之術也。然一種新哲學之人生觀，固不當止於淑身，而必兼能淑世。故曰：「志伊尹之所志，學顏子之所學。」噫！周子之言，內外本末，亦可以謂之兼備矣哉！

　　周子之說，雖自成為一種哲學，然其源之出於道家，則似無可諱。黃晦木《太極圖辯》曰：「周子《太極圖》，創自河上公，乃方士修煉之術也。河上公本圖，名《無極圖》。魏伯陽得之，以著《參同契》。鍾離權得之，以授呂洞賓。洞賓後與陳圖南同隱華山，而以授陳。陳刻之華山石壁。陳又得《先天圖》於麻衣道者（宋時有所謂《正易心法》者，託之麻衣道者，謂為希夷之學所自出，實則南宋時戴師愈之所偽也。見朱子書《麻衣心易後》、《再跋麻衣易說後》），皆以授種放。放以授穆修與僧壽涯。修以《先天圖》授李挺之。挺之以授邵天叟。天叟以授子堯夫。修以《無極圖》授周子。周子又得先天地之《偈》於壽涯。（晁公武謂周子師事鶴林寺僧壽涯，得其「有物先天地，無形本寂寥，能為永珍主，不逐四時凋」之偈。劉靜修《記太極圖說後》曰：「或謂周子與胡宿、邵古，同事潤州一浮屠，而傳其《易書》。」所謂潤州浮屠，即壽涯也。）其圖自下而上，以明逆則成丹之法。其重在水火。火性炎上，逆之使下，則火不燥烈，唯溫養而和燠。水性潤下，逆之使上，則水不卑濕，唯滋養而光澤。滋養之至，接續而不已。溫養之至，堅固而不敗。其最下圈名為玄牝之門。玄牝即穀神。牝者，竅也。

谷者，虛也。指人身命門，兩腎空隙之處，氣之所由生，是為祖氣。凡人五官百骸之運用知覺，皆根於此。於是提其祖氣，上升為稍上一圈，名為煉精化氣，煉氣化神。煉有形之精，化為微芒之氣；煉依希呼吸之氣，化為出有入無之神；使貫徹於五臟六腑，而為中層之左木火、右金水、中土相聯絡之一圈，名為五氣朝元。行之而得也，則水火交媾而為孕。又其上中分黑白而相間雜之一圈，名為取坎填離，乃成聖胎。又使復還於無始，而為最上之一圈，名為煉神還虛，復歸無極，而功用至矣。周子得此圖，而顛倒其序，更易其名，附於《大易》，以為儒者之祕傳。蓋方士之訣，在逆而成丹，故從下而上。周子之意，以順而生人，故從上而下。太虛無有，有必本無，乃更最上圈煉神還虛，復歸無極之名曰無極而太極。太虛之中，脈絡分辨，指之為理，乃更其次圈取坎填離之名曰陽動陰靜。氣生於理，名為氣質之性，乃更第三圈五氣朝元之名曰五行各一性。理氣既具，而形質呈，得其全者靈者為人，人有男女，乃更第四圈煉精化氣，煉氣化神之名曰乾道成男，坤道成女。得其偏者蠢者為萬物，乃更最下圈玄牝之名曰萬物化生。」按《參同契》有《水火匡廓》及《三五至精》兩圖，即周子《太極圖》之第二第三圈也。胡明《易圖明辨》曰：「唐《真玄妙經品》有《太極先天圖》，合三輪五行為一，而以三輪中一，五行下一為太極。又加以陰靜陽動，男女萬物之象，凡四大。陰靜在三輪之上，陽動在三輪之下。（三輪左離右坎，水火既濟之象。二上陰下陽，天地交泰之象。《鼎器歌》云：「陰在上，陽下奔，即此義也。」）男女萬物，皆在五行之下。與宋紹興甲寅朱震在經筵所進周子《太極圖》正同。今《性理大全》所載，以三輪之左為陽動，右為陰靜，而虛其上下二，以為太極，乃後人所改，非其舊也。」其說與晦木，又有異同。蓋在道家，此圖亦非一本也。然《太極圖》之原出道家，則無疑矣。然此不過借用其圖，其用意則固大異也。

水火匡廓圖，又名水火二用圖。坎離二卦，運為一軸。中一為坎離之胎。

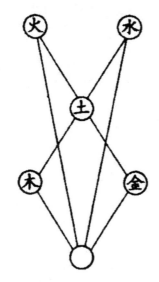

三五至精圖。土、火、木、水、金，合而歸於一元。一元，謂下一也。

　　朱、陸無極太極之辯，亦為理學家一重公案。按此說似陸子誤也。《通書》與《太極圖說》，實相貫通，已如前說。而梭山謂：「《太極圖說》與《通書》不類，疑非周子所為；否則其學未成時作；又或傳他人之文，後人不辨。」似於周子之學，知之未審。象山謂「無極」二字，出《老子‧知其雄章》。以引用二氏之言為罪案，此實宋儒習氣。理之不同者，雖措語相同，而不害其為異。理之不易者，凡古今中外，皆不能

不從同。安得摭拾字面，以為非難乎？（象山又謂：「二程言論文字至多，亦未嘗一及無極字。」按即就字面論，儒家用無極二字者，亦不但周子。黃百家曰：「柳子厚曰：無極之極。邵康節曰：無極之前，陰含陽也。有極之後，陽分陰也。是周子之前，已有無極之說。」）若謂《繫辭》言神無方矣，豈可言無神？言易無體矣，豈可言無易？「則《繫辭》乃就宇宙自然之力，無乎不在言之。」周子之言，則謂世界本體，無從追原其所自始。其所言者，固異物也。無極而太極，猶佛家言「無始以來」，言「法爾而有」耳。必責作《繫辭傳》者，推原神與易所自始，彼亦只得云無從說起矣。安得拘泥字面，而疑周子所謂無極而太極者，乃謂有生於無，落「斷空」之見哉？朱子曰：「無極而太極，猶曰莫之為而為，莫之致而至。乃語勢當然，非謂別有一物也。」又曰：「無極」二字，乃周子令後之學者，曉然見太極之妙，不屬有無，不落方體。一可謂能得周子之意矣。故無極而太極之辯，實陸子誤會文義，以辭害意也。又陸子謂「一陰一陽，即是形而上者」；朱子則謂「一陰一陽，屬於形器。所以一陰一陽者，乃道理之所為」；亦為兩家一爭端。按此說兩家所見本同，而立言未明，遂生辯難。蓋陸子之意：以為人之所知，止於現象。現象之外，不得謂更有本體其物，為之統馭。朱子之意：謂現象之然，雖不必有使之然者；然自理論言之，有其然，即可謂有其所以然。固不妨假立一名，名之曰道，而以現象為形器。陸子疑朱子謂本體實有其物，立於現象之外，遂生辯難。若知朱子所謂道者，乃系就人之觀念，虛立一名，而非謂實有其物，則辯難可以無庸矣。陸子曰：「直以陰陽為形器，而不得為道，尤不敢聞命。《易》之為道，一陰一陽而已。先後，始終，動靜，晦明，上下，進退，往來，闔闢，盈虛，消長，尊卑，貴賤，表裡，隱顯，向背，順逆，存亡，得喪，出入，行藏，何適而非一陰一陽哉？奇耦相尋，變化無窮，故曰其為道

也屢遷。」朱子曰：「若以陰陽為形而上者，則形而下者，復是何物？熹則曰：凡有形有象者皆器也，其所以為是器之理則道也。如是，則來書所謂始終、晦明、奇耦之屬，皆陰陽所為之形器。獨其所以為是器之理，乃為道耳。」此則謂現象之所以然，雖不可知；然自理論言之，不得不分為兩層：名其然曰器，名其所以然曰道也。此特立言之異，其意固不甚懸殊也。（朱、陸辯論之辭甚多，除此節所舉兩端外，皆無甚關係，故今不之及。朱子論道與形器之說，須與其論理氣之說參看。又按太極、兩儀等，皆抽象之名，由人之觀念而立。後人或誤謂實有其物，遂生。許白雲曰：「太極，陰陽，五行之生，非如母之生子，而母子各具其形也。太極生陰陽，而太極即具陰陽之中。陰陽生五行，而太極陰陽，又具五行之中。安能相離也？何不即五行一陰陽，陰陽一太極之言觀之乎？」其言最為明析。昔之講哲學者，不知有認識論，此太極、陰陽、理氣等說，所以不清也。）

篇五　康節之學

　　北宋理學家，周、程、張、邵，同時並生。其中唯邵子之學，偏於言數。中國所謂數術者，為古代一種物質之學，前已言之。邵子之旨，亦不外此。其《觀物篇》謂：「天使我如是謂之命，命之在我謂之性，性之在物謂之理。」又謂「數起於質」，「天下之數出於理」是也。（人性即精神現象，物理即物質現象，邵子以為二者是一。）「數起於質」者，如謂筋肉發達至何種程度，即能舉何種重量；筋力衰弛，則舉重之力亦減是也。何以筋肉發達，即能舉重，衰弛即不能？此則所謂「數出於理」之理。此理不可知。所謂「天之象數，可得而推，其神用不可得而測」也。

　　邵子之學，亦以《易》為根據。其所謂《易》者，亦出於陳摶。（朱震《經筵表》謂陳摶以《先天圖》傳種放，放傳穆修，修傳李之才，之才傳邵雍），蓋亦道家之學也。其《先天次序卦點陣圖》如下：

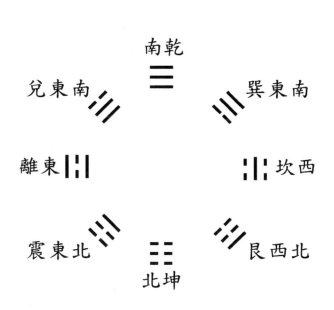

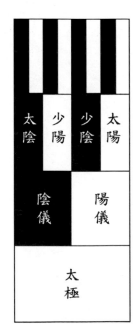

《八卦次序圖》，最下一層為太極。其上為兩儀。又其上為四象。又其上為八卦。其序則乾一、兌二、離三、震四、巽五、坎六、艮七、坤八是也。以圖之白處，代《易》之一畫；黑處代《易》之一畫。是為一分為二，二分為四，四分為八。如是推之，八分為十六，十六分為三十二，三十二分為六十四，即成《伏皇先天六十四卦橫圖》。以六十四卦規而圓之，則成圓圖；割而疊之，則成方圖。圓圖以象天，方圖以象地也。

八卦方位，見《易》「帝出乎震」一節。與大乙行九宮之說合，見第二篇。據其說，則離南、坎北、震東、兌西、乾西北、坤西南、艮東北、巽東南。邵子以為後天卦位，為文王所改。而云：此圖為先天方位，為伏羲所定。其根據，為《易》「天地定位」一節。為之說者：謂此先天方位，「天位乎上，地位乎下，日生於東，月生於西，山鎮西北，澤注東南，風起西南，雷動東北，自然與天地造化合」也。

邵子之學，亦以陰陽二端，解釋世界；而名陰陽之原為太極。其《經世衍易圖》所謂「一動一靜之間」者也。《觀物內篇》云：「一動一靜者，天地之至妙者歟？一動一靜之間者，天地人之至妙者歟？」即指太極言之也。邵子謂：「天生於動，地生於靜。」「動之始則陽生焉，動之極則陰生焉。靜之始則柔生焉，靜之極則剛生焉。」陰陽之中，復有陰陽；剛柔之中，復分剛柔，故各分為太少。太陽為日，太陰為月；少陽為星，少陰為辰；此天之體也。太柔為水，太剛為火；少柔為土，少剛為石；此地之體也。日為暑，月為寒，星為晝，辰為夜，此天之變也。水為雨，火為風，土為露，石為雷，此地之化也，暑變物之性，寒變物之情，晝變物之形，夜變物之體，此動植之感天而變者也。雨化物之走，風化物之飛，露化物之草，雷化物之木，此動植之應地之化者也。推之一切，莫不皆然。其圖如下：

一動一靜之間

　　邵子之說，皆由博觀物理而得。試問天何以取日月星辰為四象？地何以取水火土石為四體？曰：「陽燧取於日而得火，火與日一體也。」「方諸取於月而得水，水與月一體也。」「星隕而為石，石與星一體也。」「日月星之外，高而蒼蒼者皆辰，水火石之外，廣而厚者皆土，辰與土一體也。」何以不用五行，而別取水火土石？曰：「木生於土，金出於石。水火木金土者後天，水火土石者先天。後天由先天出。一以體言，一以用言也。」（邵伯溫《觀物內篇注》。按此實以五行之說為不安而改之耳。不欲直斥古人以駭俗，乃立先後天之名以調停之。其八卦之說，亦猶是也。故邵子之說，實可謂自有所得，非全憑藉古人者。）日為暑，月為寒，星為晝，辰為夜，其理易明。水為雨，火為風，土為露，石為雷者？邵子曰：「其氣之所化也。」暑變物之性，寒變物之情，晝變物之形，夜變物之體者？邵子以動者為性，靜者為體。謂「陽以陰為體，陰以陽為唱」。「陽能知而陰不能知（人死則無知者，性與體離也），

陽能見而陰不能見。」能知能見者為有，故陽性有而陰性無。「陽有所不偏，而陰無所不偏。陽有去而陰常居。」（邵子之意，凡知覺所及皆陽，出於知覺之外者皆陰。）無不偏而常居者為實，故陰體實而陽體虛。性公而明，情偏而暗。公而明者屬陽（陽動故公，能見故明。陰常居故偏，不能見故暗），故變於暑。偏而暗者屬陰，故變於寒。形可見，故變於晝。體屬陰，故變於夜也。（以上皆據《觀物》內、外篇。邵子言哲理之作，為《觀物》內、外篇及《漁樵問答》。《漁樵問答》，理甚膚淺，或云偽物，蓋信。）其餘一切，皆可以是推之。此等見解，今日觀之，誠不足信。然在當日，則其觀察，可謂普遍於庶物，而不偏於社會現象者矣。中國數術之家，所就雖不足觀，然研究物質現象於舉世莫或措意之日，要不可謂非豪傑之士也。（邵子之學，二程頗不以為然。晁以道云：「伊川與邵子，居同里巷，三十餘年。世間事無所不問，唯未嘗一字及數。一日雷起。邵子謂伊川曰：子知雷起處乎？伊川曰：某知之，堯夫不知也。邵子愕然曰：何謂也？曰：既知之，安用數推之？以其不知，故待推而知。」是邵子之數學，伊川頗不然之矣。明道云：「堯夫欲傳數學於某兄弟。某兄弟那得工夫？要學，須是二十年工夫。」雖不如伊川謂不待數推而知，亦以數為非所急矣。朱子曰：「伊川之學，於大體上瑩澈，於小小節目上，猶有疏處。康節能盡得事物之變，卻於大體有未瑩處。」夫使如心學者流，謂直證本體，即萬事皆了，則誠無事於小節目上推。若如程朱之說，「人心之靈，莫不有知。天下之物，莫不有理。唯於理有未窮，故其知有不盡。」則一物之格未周，即致知之功有歉。邵子所用之法，固不容輕議也。）

太柔	太剛	少柔	少剛	少陰	少陽	太陰	太陽
水	火	土	石	辰	星	月	日
雨	風	露	雷	夜	晝	寒	暑
走	飛	草	木	體	形	情	性
聲	色	昧	氣	口	鼻	耳	目
時	日	月	歲	世	運	會	元
春秋	詩	書	易	霸	帝	王	皇

邵子本陰陽剛柔變化之見，用數以推測萬物之數。其法：以陽剛之體數為十，陰柔之體數為十二。故太陽、少陽、太剛、少剛之數凡四十；太陰、少陰、太柔、少柔之數凡四十八。以四因之，則陽剛之數，凡一百六十；陰柔之數，凡一百九十二。於一百六十中，減陰柔之體數四十八，得一百十二，為陽剛之用數。於一百九十二中，減陽剛之體數四十，得一百五十二，為陰柔之用數。以一百五十二，因一百十二，是為以陽用數，唱陰用數；為日月星辰之變數；其數凡一萬七千有二十四，謂之動數。以一百十二，因一百五十二，是為以陰用數，和陽用數，是為水火土石之化數；其數亦一萬七千有二十四，謂之植數。再以動數植數相因（即以一萬七千二十四，因一萬七千二十四），謂之動植通數；是為萬物之數。（求萬物之數，不本之實驗，而虛立一數以推之，亦物質科學未明時不得已之法也。《易》用九六，《經世》用十十二。皆以四因之。《易》之數：陽用九，以四因之，得三十六，為乾一爻之策數。陰用六，以四因之，得二十四，為坤一爻之策數。以六因三十六，得二百一十六，為乾一卦策數。以六因二十四，得一百四十四，為坤一卦策數。相加得三百六十，故曰：「乾坤之策，凡三百六十也。」以三十二因二百一十六，得六千九百一十二，為三十二陽卦之策數。以三十二因一百四十四，得四千六百有八，為三十二陰卦之策數。二者相加，得萬有一千五百二十，所謂「二篇之策，萬有一千五百二十」也。）

邵子之推萬物如此。至於人，則邵子以為萬物之靈。蔡西山嘗推邵子之意曰：「萬物感於天之變，性者善目，情者善耳，形者善鼻，體者善口。萬物應於地之化，飛者善色，走者善聲，木者善氣，草者善味。人則得天地之全。暑寒晝夜無不變，雨風露雷無不化，性情形體無不感，走飛草木無不應。目善萬物之色，耳善萬物之聲，鼻善萬物之氣，

口善萬物之味。蓋天地萬物，皆陰陽剛柔之分，人則兼備乎陰陽剛柔，故靈於萬物，而能與天地參也。」其言最為簡約明瞭。《觀物內篇》曰：「人之所以靈於萬物者，謂其目能收萬物之色，耳能收萬物之聲，鼻能收萬物之氣，口能收萬物之味。人亦物也，一物當兆物。聖亦人也，一人當兆人。是知人也者，物之至者也。聖也者，人之至者也。」又曰：人之至者，謂其能以「一心觀萬心，一身觀萬身，一世觀萬世。」如是，則能「上識天時，下盡地理，中盡物情，通照人事」。則能以「心代天意，口代天言，手代天工，身代天事。」蓋明乎宇宙之理，則措施無不當。（參看第一篇）宇宙之理，邵子之所謂物理也。（此物字所該甚廣。能觀者我，我所觀者，一切皆物。）邵子謂人為萬物之靈，以其能通物理，謂聖人為人之至，以其能盡通物理而無遺也。

　　元會運世，歲月日時，乃邵子藉數以推測宇宙之變化者。其見解與揚子《太玄》等同，特其所用之數異耳。其法：以日經天之元，月經天之會，星經天之運，辰經天之世。日之數一，象一日也。月之數十二，象十二月也。星之數三百六十，象一年之日數也。辰之數四千三百二十，一日十二時，則三百六十日，得四千三百二十時也。一世三十年，凡十二萬九千六百年，是為皇極經世一元之數。注曰：「一元在大化之間，猶一年也。」更以日月星辰四者，經日月星辰四者，則其數如下：

　　　以日經日　　元之元　　一

　　　以日經月　　元之會　　一二

　　　以日經星　　元之運　　三六

　　　以日經辰　　元之世　　四三二

　　　以月經日　　會之元　　一二

　　　以月經月　　會之會　　一四四

以月經星　會之運　四三二

以月經辰　會之世　五一八四

以星經日　運之元　三六

以星經月　運之會　四三二

以星經星　運之運　一二九六

以星經辰　運之世　一五五五二

以辰經日　世之元　四三二

以辰經月　世之會　五一八四

以辰經星　世之運　一五五五二

以辰經辰　世之世　一八六二四

至此而後數窮焉。注曰：「窮則變，變則生生而不窮也。」《皇極經世》，但著一元之數，使人引而伸之，可至於終而復始也。此等思想，蓋以為宇宙現象，一切週而復始，特其數悠久而非人之所能知，乃欲藉其循環之近者，以推測其遠者耳。（說詳第二篇）朱子曰：「小者大之影，只晝夜便可見。」即此思想也。

此等數術，其可信與否，渺不可知。即著此等書者，亦未必以為必可信，特以大化悠久，為經驗所不及，不得不藉是以推測之耳。彼其信數可以推測宇宙者，以其深信「數起於質」一語也。此等數術家，視宇宙之間，無非物質；而物質運動，各有定律，是為彼輩所謂「數」。物質運動，既必循乎定律而不能違，則洞明物理者，固可以豫燭將來之變，此其所以深信發明真理，在乎「觀物」也。然今之所謂科學者，乃將宇宙現象，分為若干部而研究之。研究愈精，分析愈細。謂其能知一部現象之原因結果則可。謂其能明乎全宇宙之現象，因以推測其將來，微論有所不能，並亦無人敢作此妄想也。然昔之治學問者，所求知者，實為全宇宙之將來。夫欲知全宇宙之將來，非盡明乎全宇宙之現在

不可。全宇宙之現在，固非人所能知。夫全宇宙之現在，數術家所謂「質」也。全宇宙之將來，數術家所謂「數」也。明乎質，固可以知數。今也無從知全宇宙之質，而欲據一部分之質，以逆測其餘之質，以推得全宇宙之數焉，孰能保其必確？故彼輩雖據一種數以推測，彼輩亦未必自信也。此所以數術之家，各有其所據之數，而不相襲也（無從推測之事，姑立一法以推測之而已）。

然則術數家之所謂術數，在彼亦並不自信，而世之迷信術數者，顧據昔人所造之數，謂真足以推測事變焉，則惑矣。邵子曰：「天下之數出於理。違乎理，則入於術。世人以數而入術，則失於理。」此所謂術，謂私智穿鑿，強謂為可以逆測將來之術。所謂理，則事物因果必至之符。唯入於術，故失於理。邵子之說如此，此其所以究為一哲學家，而非迷信者流也。

術數家所用之數，固系姑以此為推，未必謂其果可用。假使其所用之數，果能推測宇宙之變化，遂能盡洩宇宙之祕奧乎？仍不能也。何也？所用之數，而真能推測宇宙之變化，亦不過盡知宇宙之質，而能盡知其未來之數耳。宇宙間何以有是質？質之數何以必如是？仍不可知也。故曰：「天之象數，可得而推。如其神用，則不可得而測。」此猶物理學家言：某物之理如何？可得而知也。何以有是物？何以有是理？不可得而知也。又曰：「道與一，神之強名也。以神為神者，至言也。」此猶言宇宙之祕奧，終不可知；以不可知說宇宙，乃最的當之論也。此邵子之所以終為一哲學家，而非迷信者流也。

皇王帝霸，《易》、《書》、《詩》、《春秋》，乃邵子應世運之變，而謂治法當如是變易者。《觀物內篇》曰：「昊天之盡物，聖人之盡民，皆有四府焉。昊天之四府，春夏秋冬之謂也；陰陽升降於其間矣。聖人之四府，《易》、《書》、《詩》、《春秋》之謂也；禮樂隆汙於其間矣。」

是也。

　　邵子求知真理之法，由於觀物。其觀物之法，果何如乎？曰：邵子之觀物，在於求真；其求真之法，則貴乎無我。《觀物內篇》曰：「所謂觀物者，非以目觀之也；非觀之以目，而觀之以心也；非觀之以心，而觀之以理也。聖人之所以能一萬物之情者，謂能反觀也。反觀者，不以我觀物，以物觀物之謂也。」《行篇》曰：「物理之學，或有所不通，不可以強通。強通則有我，有我則失理而入於術矣。」以物觀物，謂純任物理之真，而不雜以好惡之情，穿鑿之見，即今所謂客觀；有我則流於主觀矣。

　　宇宙之原理，邵子名之曰道。雖以為不可知，然極尊崇之。故曰：「天由道而生，地由道而成，人物由道而行。天地人物則異，其由於道則一也。」道之所以然不可知，其然則無不可知。所以知之，觀物而得其理而已。故曰：「道也者，道也。道無形，行之則見於事矣。」又曰：「以天地觀萬物，則萬物為物。以道觀天地，則天地亦為物。道之道，盡於天矣。天之道，盡於地矣。天地之道，盡於物矣。天地萬物之道，盡於人矣。（天地之道盡於物，即理具於事，事外無理之謂。天地萬物之道盡於人，謂一切生於人心；無人，則無天地萬物，更無論天地萬物之理矣。）人能知天地萬物之道所以盡於人者，然後能盡民也。天之能盡物，則謂之昊天。人之能盡民，則謂之聖人。」此道之所以可貴也。（邵子曰：「道為太極」，又曰：「心為太極」，即「天地萬物之道盡於人」之說。）

　　世界之真原因唯一，而人之所知，則限於二。此非世界之本體有二，而人之認識，自如此也。此理邵子亦言之。其說曰：「本一氣也，生則為陽，消則為陰，故二者一而已矣。是以言天而不言地，言君而不言臣，言父而不言子，言夫而不言婦。然天得地而萬物生，君得臣而萬

化行，父得子、夫得婦而家道成。故有一則有二，有二則有四，有三則有六，有四則有八。」「言天而不言地」云云，謂世之所謂二者，其實則一，特自人觀之，則見為二耳。「有一則有二，有二則有四」，自此推之，則世界現象，極之億兆京垓，其實一也。朱子所謂一本萬殊，萬殊一本，即此理。

世界之本體唯一，而人恆見為二者，以其動也。動則入現象界矣。入現象界，則有二之可言矣。故曰：「自下而上謂之升，自上而下謂之降。升者，生也。降者，消也。故陽生於下，而陰生於上，是以萬物皆反。陰生陽，陽生陰，是以循環而不窮也。」人所知之現象，不外陰陽兩端。而陰陽之變化，實仍一氣之升降；降而升，則謂之陽，升而降，則謂之陰耳。然則世界之本體果唯一，而所謂陰陽者，亦人所強立之二名耳，其實則非有二也。此論與張橫渠若合符節。

世界之現象，人既為之分立陰陽剛柔等名目，至於本體，則非認識所及。非認識所及，則無可名。無可名而強為之名，則曰「神。」邵子曰：「氣一而已，主之者神也。神亦一而已，乘氣而變化。能出入於有無生死之間，無方而不測者也。」又曰：「潛天潛地，不為陰陽所攝者，神也。」又曰：「氣者，神之宅也。體者，氣之宅也。氣則養性，性則乘氣。故氣存則性存，性動則氣動也。」「出入於有無生死之間，不為陰陽所攝」，言其通乎陰陽也。通乎陰陽，則唯一之謂也。「潛天潛地，不行而至」，言其無所不在也。無所不在，則唯一之謂也。然又云：「神乘氣而變化」，「氣者，神之宅，體者，氣之宅」，則形體即氣，氣即神，非物質之外，別有所謂神者在也。故邵子之論，亦今哲學家所謂泛神論也。

邵子曰：人能盡物，則謂之聖人。所謂盡物者，謂其能盡通乎物理

也。人所以能通乎物理者，以人與物本是一也。故曰：「神無所在，無所不在。至人與他心通者，以其本一也。」

　　邵子之學，一言蔽之，曰：觀察物理而已。其《觀物外篇》中，推論物理之言頗多。雖多不足據（如云：「動者體衡，植者體縱，人宜衡而反縱」，以是為人所以異於動物。又云：「指節可以觀天，掌文可以察地。」又曰：「天之神棲於日，人之神棲於目，人之神，寐則棲心，寐則棲腎，所以象天也。」以是比擬天人，自今日觀之，俱覺可笑），然在當日，自不失為一種推論也。夫推論物理，極其所至，亦不過明於事物之原理而已。何益？曰：不然，果能明於事物之理，則人之所以自處者，自可不煩言而解。其道唯何？亦曰「循理」而已。宇宙之原理，天則也。發見宇宙之原理而遵守之，則所謂循理者也。故程朱循理之說，亦與邵子之學相通也。《觀物》內、外篇中，論循理之言頗多。如曰：「自然而然者，天也。唯聖人能索之。傚法者，人也。若時行時止，雖人也亦天」，「劉絢問無為。對曰：時然後言，人不厭其言；時然後笑，人不厭其笑；時然後取，人不厭其取；此所謂無為也。」（此與周子「非不動為靜，不妄動為靜」之意同）皆是。循理之要，在於無我，故曰：「以物觀物，性也。以我觀物，情也。性公而明，情偏而暗。」又曰：「任我則情，情則蔽，蔽則昏矣。因物則性，性則神，神則明矣。」又曰：「以物喜物，以物悲物，此發而中節者也。」又曰：「時然後言，乃應變而言，不在我也。」又曰：「不我物，則能物物。」又曰：「易地而處，則無我。」夫人我何以不可分？以其本不可分也。人我何以本不可分？以其本是一也。何以本一？曰：神為之也。故曰：「形可分，神不可分。木結實而人種之，又成是木，而結是實。木非舊木也，此木之神不二也。此實生生之理也。」又曰：「人之神，則天地之神。人之自欺，所以欺天地，可不懼哉！」此邵子本其哲學，所建立之人生觀也。

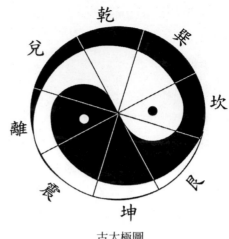

先天圖，亦曰太極圖。後人謂之天地自然之圖，又謂之太極真圖。

古太極圖

邵子之學，其原亦出於道家。宋時有所謂《先天圖》及《古太極圖》者。《先天圖》見趙謙（撝謙，字古則，餘姚人。宋宗室。別號古老先生。《名山藏》作趙謙。云洪武初聘修正韻。）《六書本義》云。此圖世傳蔡元定得之蜀隱者，祕而不傳，雖朱子亦莫之見。今得之陳伯敷氏。《古太極圖》，見趙仲全《道學正宗》（蓋以濂溪有《太極圖》，故加古字以別之）。乃就《先天圖》界之為八。宋濂曰：「新安羅端良願，作陰陽相含之象，就其中八分之，以為八卦，謂之《河圖》。用井文界分九宮，謂之《洛書》，言出青城隱者。」正即此圖也。胡朏明曰：此二

圖，蓋合二用，三五（見前篇），月體納甲，九宮，八卦而一之者。蓋就《古太極圖》所界分者而觀之：則上方之全白者即乾。下方之全黑者即坤。左方下白上黑，黑中復有一白點者當離。右方下黑上白，白中復有一黑點者當坎。乾之左，下二分白，上一分黑者為兌。其右，下一分黑，上二分白者為巽。坤之左，下一分白，上二分黑者為震。其右，下二分黑，上一分白者為艮。所謂與八卦相合也。八卦分列八方，而虛其中為太極，所謂與九宮相合也。（按全圖為太極。左白右黑相向互為兩儀。白中有黑，黑中有白，合為四象。界而分之，則成八卦。）月體納甲，出魏伯陽《參同契》。以月之明魄多少，取象於卦畫，而以所見之方，為所納之甲。震一陽始生，於月為生明，三日夕出於庚，故曰震納庚。謂一陽之氣，納於西方之庚也。兌二陽為上弦，八日夕見於丁，故曰兌納丁。謂二陽之氣，納於南方之丁也。乾純陽，望，十五夕，盈於甲，故曰乾納甲。謂三陽之氣，納於東方之甲也。此望前三候，陽息陰消之月象也。巽一陰始生，於月為生魄。十六旦，明初退於辛，故曰巽納辛。謂以一陰之氣，納於西方之辛也。退二陰為下弦。二十三旦，明半消於丙，故曰艮納丙。謂二陰之氣，納於南方之丙也。坤純陰為晦。三十旦，明盡滅於乙，故曰坤滅乙。謂三陰之氣，納於東方之乙也。此望後三候，陽消陰息之象也。乾納甲而又納壬，坤納乙而又納癸者？謂乾之中畫，即太陰之精。望夕夜半，月當乾，納其氣於壬方，地中對月之日也。坤之中畫，即太陽之精。晦朔之間，日在坤，納其氣於癸方，地中合日之月也。徐敬可曰：「望夕之陽，既盈於甲矣，其夜半，日行至壬，而與月為衡。月中原有陰魄，所謂離中一陰者。平時含蘊不出，至是流為生陰之本，故其象為☉，即望夕夜半壬方之日也。晦旦之陽，既盡於乙矣，其夜半，日行至癸，而與月同躔。月中原有陽精，所謂坎中一陽者，平時胚渾不分，至是發為生陽之本，故其象為●，即晦朔間

癸方之月也。離為日，日生於東，故離位乎東。坎為月，月生於西，故坎位乎西。至望夕，則日西月東，坎離易位。其離中一陰，即是月魄；坎中一陽，即是日光；東西正對，交位於中；此二用之氣，所以納戊己也。」此蓋仍方家修煉，注重坎離之故智，太極圖白中黑點，黑中白點，即其義也。胡氏謂：「此圖蓋真出希夷。儒者受之，自種放後，皆有所變通恢廓，非復希夷之舊。唯蜀之隱者，為得其本真。故朱子屬蔡季通入峽求之。」按朱子屬季通入峽購得《三圖》，見袁氏桷《謝仲直易三圖序》。而其圖仍不傳。胡氏謂此必其一，未知信否。然謂邵子之學，原出此圖，則說頗近之。以此圖與《先天次序》、《卦點陣圖》，若合符節也。此可見邵子之學，原出道家矣。黃梨洲《易學象數論》曰：「乾南坤北，實養生家大旨。謂人身本具天地，因水潤火炎，會易交易，變其本體，故令乾之中畫，損而成離；坤之中畫，塞而成坎。是後天使然。今有取坎填離之法：挹坎水一畫之奇，歸離火一畫之耦。如煉精化氣，煉氣化神之類，益其所不足，離得固有也。鑿竅喪魄，五色五聲五味之類，損其所有餘，坎去本無也。離復返為乾，坎復返為坤，乃先天之南北也。養生所重，專在水火，比之天地。既以南北置乾坤，坎離不得不就東西。」尤可見道家之說所自來。然邵子之學，自與養生家異。用其圖作藍本，亦猶周子之借用《太極圖》耳。不得以此，遂誣邵子為方士之流也。

篇六　橫渠之學

　　周、程、張、邵五子中，唯邵子之學，偏於言數。周、張、二程，則學問途轍，大抵相同。然伊川謂橫渠：「以大概氣象言之，有苦心極力之象，而無寬裕溫和之氣。非明睿所照，而考索至此，故意屢偏而言多窒。」朱子亦謂：「若論道理，他卻未熟。」後人之尊張，遂不如周程。然理學家中，規模闊大，制行堅卓，實無如張子者。張子之學，合天地萬物為一體，而歸結於仁。聞人有善，喜見顏色。見餓莩，輒諮嗟，對案不食者經日。嘗以為欲致太平，必正經界。欲與學者買田一方試之。未果而卒。是真能以民胞物與為懷者。其言曰：「學必如聖人而後已。知人而不知天，求為賢而不求為聖，此秦漢以來學者之大蔽。」又曰：「此道自孟子後，千有餘歲。若天不欲此道復明，則不使今日有知者。既使人有知者，則必有復明之理。」其自任之重為何如？又曰：「言有教，動有法。晝有為，宵有得。息有養，瞬有存。」其自治之密為何如？朱子謂：「橫渠說做工夫處，更精切似二程。」又謂：「橫渠之學，是苦心得之，乃是致曲，與伊川異。」則其克治之功，實不可誣也。朱子又曰：「明道之學，從容涵泳之味洽。橫渠之學，苦心力索之功深。」又謂：「二程資稟，高明潔淨，不大段用工夫。橫渠資稟，有偏駁夾雜處，大段用工夫來。」似終右程而左張。此自宋儒好以聖賢氣象論人，故有此語。其實以規模闊大，制行堅卓論，有宋諸家，皆不及張子也。張子之言曰：「為天地立心，為生民立命，為往聖繼絕學，為萬世開太平。」此豈他人所能道哉？

　　橫渠之學，所以能合天地萬物為一者，以其謂天地萬物之原質唯一也。此原質唯何？曰：氣是已。橫渠之言曰：「凡可狀皆有也，凡有皆象也，凡象皆氣也。」又曰：「太和所謂道，中涵浮沉、升降、動靜相感之性；是生相蕩，勝負屈伸之始。其來也，幾微易簡，其究也，廣大堅固。散殊而可象為氣，清通而不可象為神。」神也，道也，氣也，一物而異名。宇宙之間，唯此而已。宇宙本體，亦此而已。

一非人所能識。宇宙本體，既唯是一氣，何以能入認識之域乎？以其恆動故也。宇宙之本體唯一，動則有相蕩，勝負屈伸之可見，而入於現象界矣。故曰：「氣，然太虛。升降飛揚，未嘗止息。」又曰：「氣聚則離明得施而有形，氣不聚則離明不得施而無形。」（謂聚則可見，散則不可見也，不可見而已，非無。）又曰：「氣不能不聚而為萬物，萬物不能不散而為太虛。」（太虛即氣之散而不可見者，非無。）夫如是，則所謂有無者，特人能認識不能認識，而非真有所謂有無。故曰：「氣之聚散於太虛，猶冰之凝釋於水。知太虛即氣則無無。聖人語性與天道之極，盡於參伍之神，變易而已。諸子淺妄，有有無之分，非窮理之學也。」（按諸子亦未嘗分有無為二，此張子之誤。朱子謂：「濂溪之言有無，以有無為一。老子之言有無，以有無為二。」五千言中，曷嘗有以有無為二者耶？）又云：「聖人仰觀俯察，但云知幽明之故，不云知有無之故。」所謂幽明，即能認識不能認識之謂也。

知天下無所謂無，則生死之說，可不煩言而解。故曰：「氣之為物，散入無形，適得吾體；聚為有象，不失吾常。」（此言質力無增減。）「太虛不能無氣，氣不能不聚而為萬物，萬物不能不散而為太虛。循是出入，是皆不得已而然也。」（此言質力之變化，一切皆機械作用。）「彼語寂滅者，往而不反（此闢佛。然佛之所謂寂滅者，實非如張子所闢。要之宋儒喜闢二氏，然於二氏之言，實未嘗真解）；徇生執有者，物而不化（此闢流俗）；二者雖有間矣，以言乎失道則均焉。聚亦吾體，散亦吾體，知死之不亡者，可與言性矣。」（張子之意，個體有生死，總體無所謂生死。個體之生死，則總體一部分之聚散而已。聚非有，散非無，故性不隨生死為有無。故深闢告子「生之為性」之說，以為「不通晝夜之道。」然告子之意，亦非如張子所闢，亦張子誤也。如張子之說，則死生可一。故曰：「盡性，然後知生無所得，則死無所喪。」）

　　生死之疑既決，而鬼神之疑隨之。生死者，氣之聚散之名。鬼神者，氣之聚散之用也。張子之言曰：「鬼神者，往來屈伸之義。」又曰：「鬼神者，二氣之良能也。」蓋以往而屈者為鬼，來而伸者為神也。又詳言之曰：「動物本諸天，以呼吸為聚散之漸。植物本諸地，以陰陽升降為聚散之漸。物之初生，氣日至而滋息。物生既盈，氣日反而遊散。至之為神，以其伸也。反之為鬼，以其歸也。」然則鬼神者，非人既死後之名，乃其方生方死，方死方生之時，自然界一種看似兩相反對之作用之名耳。然則鬼神者，終日與人不相離者也。然則人即鬼神也。然則盈宇宙之間，皆鬼神也。此論至為微妙，理學家之論鬼神，無能越斯旨者。

　　鬼神與人為一體，則幽明似二而實一。幽明似二而實一，則隱微之間，不容不慎。故曰：「鬼神嘗不死，故誠不可揜。人有是心，在隱微，必乘間而見。故君子雖處幽獨，防亦不懈。」夫鬼神所以與人為一體者，以天地萬物，本系一體也。故曰：「知性知天，則陰陽鬼神，皆吾分內耳。」此張子由其宇宙觀，以建立其人生觀者也。

　　宇宙之間，唯是一氣之運動。而自人觀之，則有兩端之相對。唯一者本體，兩端相對者，現象也。故曰：「一物而兩體，其太極之謂與？」又曰：「一物兩體，氣也。一故神，兩故化。」又曰：「兩不立，則一不可見。一不可見，則兩之用息。兩體者，虛實也，動靜也，聚散也，清濁也，其究一而已。」

　　所謂現象者，總括之為陰陽兩端，細究之，則億兆京垓而未有已也。故曰：「遊氣紛擾，合而成質者，生人物之萬殊。其陰陽兩端，循環不已者，立天地之大義。」又曰：「氣然太虛，升降飛揚，未嘗止息。浮而上者陽之清，降而下者陰之濁。其感遇聚散，為風雨，為霜雪，萬品之流形，山川之融結，糟粕煨燼，無非教也。」（張子之學，雖與邵

子異，然格物之功，亦未嘗後人。張子曰：「地純陰，凝聚於中；天浮陽，運旋於外。」又曰：「陰性凝聚，陽性發散。陰聚之，陽必散之。陽為陰累，則相持為雨而降。陰為陽得，則飄揚為雲而升。故云物班布太虛者，陰為風驅，斂聚而未散者也。陰氣凝聚，陽在內者不得出，則奮擊而為雷霆；在外者不得入，則周旋不捨而為風。其聚有遠近虛實，故雷風有大小暴緩。和而散，則為霜雪雨露。不和而散，則為戾氣曀霾。」又曰：「聲者，形氣相軋而成。兩氣者，谷響雷聲之類。兩形者，桴鼓叩擊之類。形軋氣，羽扇敲矢之類。氣軋形，人聲笙簧之類。」皆其格物有得之言。自今日觀之，雖不足信，然亦可見其用心之深矣。敲矢，《莊子》作「嚆矢」，即鳴鏑，今響箭也。）

　　既知宇宙之間，唯有一氣，則一切現象，本來平等，無善惡之可言。然清虛者易於變化，則謂之善。重濁者難於變化，則謂之惡。又以寂然不動者為主，紛紜變化者為客。此等思想，哲學家多有之。蓋以靜為本體，動為現象，本體不能謂之惡，凡惡，皆止可歸諸現象界也。張子亦云：「太虛無形，氣之本體。其聚其散，變化之客形耳。至靜無感，性之淵源。有識有知，物交之客感耳。客感客形，與無感無形，唯盡性者能一之。」又曰：「太虛為清，清則無礙，無礙故神。反清為濁，濁則礙，礙則形。」又曰：「凡氣清則通，昏則壅，清極則神。」又曰：「凡天地法象，皆神化之糟粕。」蓋凡有形可見者，皆不足當本體之名也。

　　認識所及，莫非紛紜之現象也，何以知其為客，而別有淵然而靜者為之主？以其動必有反，而不差忒，如久客者之必歸其故鄉也。故曰：「天地之氣，雖聚散攻取百途，然其為理也，順而不妄。」又曰：「天之不測謂之神，神之有常謂之天。」然則紛紜錯雜者現象，看似紛紜錯雜，而實有其不易之則者，本體也。現象之變化，不啻受制馭於本體矣。故曰：「氣有陰陽，推行有漸為化，合一不測為神。」

　　張子之論天然如此。其論人，則原與天然界為一物。蓋宇宙之間，以物質言，則唯有所謂氣，人固此氣之所成也。以性情言，則氣之可得而言者，唯有所謂浮沉升降，動靜相感之性，而此性即人之性也。故人也者，以物質言，以精神言，皆與自然是一非二也。張子之言曰：「氣於人：生而不離，死而遊散者為魂。聚成形質，雖死而不散者為魄。」然則魂也者，即清而上浮之氣。魄也者，即濁而下降之氣也。又曰：「氣本之虛，則湛一無形。感而生，則聚而有象。有象斯有對，對必反其為。有反斯有仇，仇必和而解。故愛惡之情，同出於太虛，而卒歸於物慾。倏而生，忽而成，不容有毫髮之間。」此言人之情感，亦即自然界之物理現象也。故斷言之曰：「由太虛，有天之名。由氣化，有道之名。合虛與氣，有性之名。合性與知覺，有心之名。」又曰：「唯屈伸動靜終始之能，一也。故所以妙萬物而謂之神，通萬物而謂之道，體萬物而謂之性。」天也，道也，性也，其名雖異，其實則一物也。一元之論至此，可謂毫髮無遺憾矣。

　　人之性與物之性是一，可以其善感驗之。蓋宇宙之間，唯有一氣，而氣升降飛揚，未嘗止息。其所以不止息者，以其有動靜相感之性也。而人亦然，故曰：「感者性之神，性者感之體。」又曰：「天所不能自已者為命，不能無感者為性。」夫人與物相感，猶物之自相感也。此即所謂天道也。故曰：「天性，乾坤陰陽也。二端故有感，本一故能合。」「天地生萬物，所受雖不同，皆無須臾之不感。」所謂性即天道也。

　　張子以天地萬物為一體，故深闢有無隱顯，歧而為二之論，其言曰：「知虛空即氣，則有無隱顯，神化性命，通一無二。若謂虛能生氣，則虛無窮，氣有限，體用殊絕；入老氏有生於無，自然之論。若謂永珍為太虛中所見之物，則物與虛不相資；形自形，性自性；形性天人不相待，陷於浮屠以山河大地為見病之說。」以如是，則人與自然，不能合為一體也。（釋老之言，實非如此，又當別論。）

張子以人與天地萬物為一體。夫天地萬物，其本體至善者也。而人何以不能盡善？曰：張子固言之矣：「太虛為清，清則無礙，無礙則神。反清為濁，濁則礙，礙則形。」人亦有形之物，其所以不免於惡者，正以其不能無礙耳。張子曰：「性通乎氣之外，命行乎氣之內。」性通乎氣之外，謂人之性，與天地萬物之性是一，故可以為至善。命行乎氣之內，命指耳之聰，目之明，知慧，強力等言，不能不為形體所限，人之所以不能盡善者以此。夫「性者，萬物一原，非有我之所得而私也」。然既寓於我之形，則不能不藉我之形而見。我之形不能盡善，而性之因形而見者，遂亦有不能盡善者焉。此則張子所謂氣質之性也。氣質之性，所以不能盡善者，乃因性為氣質所累而然。而非性之本不善。猶水然，因方為圭，遇圓成璧；苟去方圓之器，固無圭璧之形。然則人能盡除氣質之累，其性固可以復於至善。故曰：「形而後有氣質之性。善反之，則天地之性存焉。故氣質之性，君子有弗性者焉。」又曰：「性於人無不善，系其善反與不善反而已。」

人之性，善反之，固可以復於至善。然既云性為氣質所限，則其能反與否，自亦不能無為氣質所拘。故曰：「凡物莫不有是性。由通蔽開塞，所以有人物之別。由蔽有厚薄，故有智愚之別。塞者牢不可開。厚者可以開，而開之也難。薄者開之也易。」又曰：「上智下愚，習與性相遠既甚而不可變者也。」橫渠論性之說，朱子實祖述之。其說與純粹性善之說，不能相容。為理學中一重公案。氣質何以為性累？張子統括之曰：「攻取之慾」，「計度之私」。前者以情言，後者以智言也。人之性，即天地之性；天地之性固善感；使人之感物，亦如物性之自然相感，而無所容心於其間，固不得謂之不善。所以不善者，因人之氣質，不能無偏，遂有因氣質而生之慾，如「口腹於飲食，鼻舌於臭味」是。所謂「湛一氣之本，攻取氣之慾」也。既有此欲，必思所以遂之，於是有「計度之私」。抑且不必見可欲之物，而後計度以取之也；心溺於

欲，則凡耳目所接，莫不唯可欲是聞，可欲是見；而非所欲者，則傾耳不聞，熟視無睹焉。所謂「見聞之知，乃物交而知，非德性所知」也。甚有無所見聞，亦憑空冥想者，則所謂「無所感而起者妄也。」凡若此者，總由於欲而來，故又可總括之曰「人慾。」對人慾而言，則曰「天理。」故曰：「徇物喪心，人化物而滅天理者與？」又曰：「德不勝氣，性命於氣。德勝其氣，性命於德。窮理盡性，則性天德，命天理；氣之不可變者，獨死生壽夭而已。」又曰：「為學大益，在自能變化氣質」也。分性為氣質之性，義理之性；又以天理人慾對舉；皆理學中極重要公案。而其原，皆自張子發之。張子之於理學，實有開山之功者也。

反其性有道乎？曰：有。為性之累者氣質，反其性者，去其氣質之累而已。去氣質之累如之何？曰：因氣質而生者欲，去氣質之累者，去其心之慾而已。故曰：「不識不知，順帝之則。有思慮知識，則喪其天矣。」又曰：「無所感而起，妄也。感而通，誠也。計度而知，昏也。不思而得，素也。」又曰：「成心者，意之謂與？成心忘，然後可與進於道。」

此等功夫，貴不為耳目等形體所累，而又不能不藉形體之用。故曰：「世人之心，止於聞見之狹。聖人盡性，不以聞見牿其心。」又曰：「耳目雖為心累，然合內外之德，知其為啟之之要也。」夫不蔽於耳目，而又不能不用耳目，果以何為主乎？曰：主於心。主於心以復其性。張子曰：「心統性情者也。」與天地合一者謂之性，蔽於耳目者謂之情。心能主於性而不為情之所蔽，則善矣。故曰：「人病以耳目見聞累其心，而不務盡其心。盡其心者，必知心所從來而後能。」夫心所從來，則性之謂也。

能若此，則其所為，純乎因物付物，而無我之見存。所謂「不得已而後為，至於不得為而止」也。人之所以不善者，既全由乎欲，則欲之既除，其所為自無不善。故曰：「不得已，當為而為之，雖殺人，皆義

也。有心為之，雖善，皆意也。」蓋所行之善惡，視其有無慾之成分，不以所行之事論也。故無慾即至善也。故曰：「無成心者，時中而已矣。」又曰：「天理也者，時義而已。君子教人，舉天理以示之而已。其行已，述天理而時措之者也。」

　　人之所為，全與天理相合，是之謂誠。《中庸》曰：「誠者，天之道也。思誠者，人之道也。」張子曰：「天所以長久不已之道，乃所謂誠。」所謂誠者天之道也。又曰：「屈伸相感而利生，感以誠也。情偽相感而利害生，雜之偽也。至誠則順理而利，偽則不循理而害。」又曰：「誠有是物，則有終有始。偽實不有，何終始之有？」所謂思誠者人之道也。張子曰：「天人異用，不足以言誠。天人異知，不足以盡明。所謂誠明者，性與天道，不見乎大小之別也。」謂在我之性，與天道合也。夫是之謂能盡性。能盡性，則我之所以處我者，可謂不失其道矣。夫是之謂能盡命。故曰：「性其總，命其受。不極總之要，則不盡受之分。」故盡性至命，是一事也。夫我之性，即天地人物之性。性既非二，則盡此即盡彼。故曰：「盡其性者，能盡人物之性。至於命者，亦能至人物之命。」然則成己成物，以至於與天地參，又非二事也。此為人道之極致，亦為修為之極功。

　　此種功力，當以精心毅力行之，而又當持之以漸。張子曰：「神不可致思，存焉可也。化不可助長，順焉可也。」又曰：「窮神知化，乃養盛自致，非思勉之能強。故崇德而外，君子未之或知也。」又曰：「心之要，只是欲乎曠。熟後無心，如天簡易不已。今有心以求其虛，則是已起一心，無由得虛。切不得令心煩。求之太切，則反昏惑。孟子所謂助長也。孟子亦只言存養而已。此非可以聰明思慮，力所能致也。」張子之言如此，謂其學，由於苦思力索，非養盛自致，吾不信也。

　　張子之學，以天地萬物為一體，故其道歸結於仁。故曰：「性者，萬物一原，非有我所得私也。唯大人為能盡其性，故立必俱立，知必周

知，愛必兼愛，成不獨成。」蓋不如是，不足以言成已也。故曰：「天體物而不遺，猶仁體事而無不在也。禮儀三百，威儀三千，無一物而非仁也。」張子又曰：「君子於天下，達善達不善，無物我之私。循理者共悅之，不循理者共攻之。攻之，其過雖在人，如在己不忘自訟。其悅之，善雖在己，蓋取諸人，必以與人焉。善以天下，不善以天下。」又曰：「正己而物正，大人也。正己以正物，猶不免有意之累也。有意為善，利之也，假之也。無意為善，性之也，由之也。」渾然不見人我之別，可謂大矣。

以上引張子之言，皆出《正蒙》及《理窟》。而張子之善言仁者，尤莫如《西銘》。今錄其辭如下。《西銘》曰：「乾稱父，坤稱母。予茲藐焉，乃混然中處。故天地之塞吾其體，天地之帥吾其性。民吾同胞，物吾與也。大君者，吾父母宗子，其大臣，宗子之家相也。尊高年，所以長其長；慈孤弱，所以幼其幼。聖其合德，賢其秀也。凡天下疲癃殘疾，惸獨孤寡，皆吾兄弟之顛連而無告者也。於時保之，子之翼也。樂且不憂，純乎孝者也。違曰悖德，害仁曰賊。濟惡者不才，其踐形，維肖者也。知化則善述其事，窮神則善繼其志。不愧屋漏為無忝，存心養性為匪懈。惡旨酒，崇伯子之顧養。育英才，潁封人之錫類。不弛勞而底豫，舜其功也。無所逃而待烹，申生其恭也。體其受而全歸者參乎？勇於從而順令者，伯奇也。富貴福澤，將厚吾之生也。貧賤憂戚，庸玉汝於成也。存吾順事，沒吾寧也。」寥寥二百餘言，而天地萬物，為一體；不成物，不足以言成己，成己即所以成物之旨，昭然若揭焉。可謂善言仁矣。

楊龜山寓書伊川，疑《西銘》言體而不及用，恐其流於兼愛。伊川曰：「《西銘》理一而分殊，墨氏則二本而無分。子比而同之，過矣。」劉剛中問：「張子《西銘》與墨子兼愛何以異？」朱子曰：「異以理一分殊。一者一本，殊者萬殊。脈絡流通，真從乾父坤母源頭上聯貫出

來。其後支分派別，井井有條。非如夷之愛無差等。且理一體也，分殊用也。墨子兼愛，只在用上施行。如後之釋氏，人我平等，親疏平等，一味慈悲。彼不知分之殊，又惡知理之一哉？」釋氏是否不知分殊，又當別論。而張子之學，本末咸備，體用兼該，則誠如程朱之言也。

唯其如是，故張子極重禮。張子曰：「生有先後，所以為天序。小大高下，相併而相形焉，是為天秩。天之生物也有序，物之既形也有秩。知序然後經正，知秩然後禮行。」蓋義所以行仁，禮所以行義也。張子又曰：「世學不講，男女從幼便驕惰壞了。到長，益凶狠。只為未嘗為子弟之事，則於其親，已有物我，不肯屈下。病根常在，又隨所居而長，至死只依舊。為子弟，則不能安灑掃應對。在朋友，則不能下朋友，有官長，則不能下官長。為宰相，則不能下天下之賢。甚則至於徇私意，義理都喪，也只為病根不去，隨所居所接而長。人須一事事消了病，則義理常勝。」又曰：「某所以使學者先學禮者？只為學禮，便除去了世俗一副當習熟纏繞。譬之延蔓之物，解纏繞即上去。上去，即是理明矣，又何求？苟能除去一副當世習，便自然灑脫也。」可見張子之重禮，皆所以成其學。非若俗儒拘拘，即以節文之末，為道之所在矣。張子教童子以灑掃應對進退。女子未嫁者，使觀祭祀，納酒漿。其後學，益酌定禮文，行之教授感化所及之地。雖所行未必盡當，然其用意之善。則不可沒也。張子曰：「天下事大患，只是畏人非笑。不養車馬，食粗衣惡，居貧賤，皆恐人非笑。不知當生則生，當死則死。今日萬鐘，明日棄之；今日富貴，明日饑餓；亦不恤，唯義所在。」今日讀之，猶想見其泰山岩巖，壁立萬仞之氣象焉。吾師乎！吾師乎！百世之下，聞者莫不興起也。

篇七　明道伊川之學

　　二程之性質，雖寬嚴不同（二程之異，朱子「明道弘大，伊川親切」一語，足以盡之。大抵明道說話較渾融，伊川則於躬行之法較切實。朱子喜切實，故宗伊川。象山天資高，故近明道也），然其學問宗旨，則無不同也。故合為一篇講之。

　　欲知二程之學，首當知其所謂理氣者。二程以凡現象皆屬於氣。具體之現象固氣也，抽象之觀念亦氣。必所以使氣如此者，乃謂之理。大程曰：「有形總是氣，無形是道」；小程曰：「陰陽氣也，所以陰陽者道」是也。（非謂別有一無形之物，能使有形者如此。別有一所以陰陽者，能使陰陽為陰陽。乃謂如此與使之如此者，其實雖不可知，然自吾曹言之，不妨判之為二耳。小程曰：「沖穆無朕，永珍森然已具。未應不是先，已應不是後。如百尺之木，自根本至枝葉，皆是一貫。不可上面一段，是無形無兆，卻待人安排引出來。」此言殊有契於無始無終之妙。若謂理別是一物，而能生氣，則正陷於所謂安排引出來者矣。或謂程子所謂理能生氣，乃謂以此生彼，如橫渠所譏，「虛能生氣，虛無窮，氣有限，體用殊絕」者，乃未知程子之意者也。程子所以歧理氣為二者，蓋以言氣不能離陰陽，陰陽已是兩端相對，不足為宇宙根原，故必離氣而言理。亦猶周子於兩儀之上，立一太極也。小程曰：「寂然不動，感而遂通，此已言人分上事。若論道，則萬理皆具，更不說感與未感。」其意可見。然以陰陽二端，不足為世界根原，而別立一沖穆無朕之理以當之，殊不如橫渠之說，以氣即世界之實體，而陰陽兩現象，乃是其用之為得也。小程以所謂惡者，歸之於最初之動。其言曰：「天地之化，既是兩物，必動已不齊。譬如兩扇磨行，使其齒齊不得。齒齊既動，則物之出者，何可得齊？從此參差萬變，巧歷不能窮也。」蓋程子之意，終以惡生於所謂兩者也。夫如明道之言，「有形總是氣，無形是道。」天地亦有形之物也，亦氣也。天地有惡，誠不害於理之善。然理與氣既

不容斷絕，則動者氣也，使之動者理也，理既至善，何故氣有不善之動？是終不能自圓其說也。故小程子又曰：「事有善有惡，皆天理也。天理中物須有美惡。蓋物之不齊，物之情也。」至此，則理為純善之說，幾乎不能自持矣。然以理為惡，於心究有不安。乃又委曲其詞曰：「天下善惡皆天理。謂之惡者本非惡，但或過或不及。」未免進退失據矣。又按二程之論，雖謂理氣是二，然後來主理氣是一者，其說亦多為二程所已見及。如「惡本非惡，但或過或不及」一語，即主理氣是一者所常引用也。小程又曰：「天地之化，一息不留。疑其速也，然寒暑之變甚漸。」又曰：「天地之化，雖廓然無窮，然而陰陽之度，日月寒暑晝夜之變，莫不有常。此道之所以為中庸。」此二說，後之持一元論者，亦常引用之。要之二程論理氣道器，用思未嘗不深，而所見不如後人之瑩澈。此自創始者難為功，繼起者易為力也。）

　　職是故，伊川乃不認氣為無增減，而以為理之所生。《語錄》曰：「真元之氣，氣之所由生。不與外氣相雜，但以外氣涵養而已。若魚之在水，魚之性命，非是水為之，但必以水涵養，魚乃得生耳。人居天地氣中，與魚在水無異。至於飲食之養，皆是外氣涵養之道。出入之息者，闔闢之機而已。所出之息，非所入之氣。但真元自能生氣。所入之氣，正當闢時，隨之而入，非假外氣以助真元也。若謂既反之氣，復將為方伸之氣，則殊與天地之化不相似。天地之化，自然生生不窮，更何資於既斃之形，既返之氣。人氣之生，生於貞元。天地之氣，亦自然生生不窮。至如海水，陽盛而涸，及陰盛而生，亦不是將已涸之氣卻生水，自然能生往來屈伸，只是理也。盛則便有衰，晝則便有夜，往則便有來。天地中如洪爐，何物不銷鑠。」此說與質力不滅之理不合，且於張子所謂「無無」之旨，見之未瑩，宜後人之譏之也。

　　凡哲學家，只能認一事為實。主理氣合一者，以氣之屈伸往來即是理。所謂理者，乃就氣之狀態而名之，故氣即是實也。若二程，就氣之表，別立一使氣如是者之名為理，則氣不得為實，唯此物為實審矣。故小程謂「天下無實於理者」也。

　　二程認宇宙之間，唯有一物，即所謂理也。宇宙間既唯此一物，則人之所稟受以為人者，自不容捨此而有他。故謂性即理。大程曰：「在天為命，在人為性，主於身為心。」（小程亦有此語）小程曰：「道與性一」是也。（明道又曰：「窮理盡性，以至於命，二事一時並了。」）《伊川語錄》：「問人之形體有限量，心有限量否？曰：以有限之形，有限之氣，苟不通之以道，安得無限量？苟能通之以道，又豈有限量？天下更無性外之物。若曰有限量，除是性外有物始得。」其所謂理者，既為脫離現狀，無可指名之物，故其所謂性者，亦異常超妙，無可把捉，大程謂「生之謂性，性即氣」。「人生而靜以上不容說；才說性，便已不是性」是也。《伊川語錄》：「季明問喜怒哀樂未發謂之中曰：當中之時，耳無聞，目無見否？曰：雖耳無聞，目無見，然見聞之理在始得。賢且說靜時如何？曰：謂之無物則不可。然自有知覺處。曰：既有知覺，即是動也，怎生言靜？人說《復》以靜見天地之心，非也。《復》之卦，下面一畫，便是動也，安得謂之靜？」又：「或問先生於喜怒哀樂未發之前，下動字，下靜字？曰：謂之靜則可。然靜中須有物始得。這是最難處。」又：「或曰：喜怒哀樂未發之前求中，可乎？曰：不可。既思於喜怒哀樂未發之前求中，卻又是思也。既思即是已發，便謂之和，不可謂之中。」既思即是已發，有知覺即是動，此即明道才說性便已不是性之說。蓋二程之意，必全離乎氣，乃可謂之理；全離乎生，乃可謂之性也。既無聞無見，而又須有見聞之理在；謂之靜，而其中又須有物；則以理氣二者，不容隔絕爾。二者既不容隔絕，而又不容夾雜，則其說只理論可有，實際無從想像矣。二程亦知其然。故於夾雜形氣者，亦未

嘗不認為性（以捨此性更無可見也）。大程謂「善固性，惡亦不可不謂之性」；小程謂「論性不論氣不備，論氣不論性不明」是也。夫如是，則二程所謂性者，空空洞洞，無可捉摸，自不得謂之惡。故二程以所謂惡者，悉歸諸氣質。

小程曰：「性即是理。理自堯舜至於途人一也。才稟於氣。氣有清濁，稟其清者為賢，稟其濁者為愚。」又曰：「氣有善有不善，性則無不善。人之所以不知善者，氣昏而塞之耳。」又曰：「性即理也。天下之理，原其所自來，未有不善。故凡言善惡者，皆先善而後惡；言是非者，皆先是而後非；言吉凶者，皆先吉而後凶。」《明道語錄》中論性一節，號為難解，其意亦只如此。其言曰：「生之謂性，性即氣，氣即性，生之謂也。人生氣稟，理有善惡。然不是性中元有此兩物，相對而生也。有自幼而善，有自幼而惡，是氣稟使然也。善固性也，惡亦不可不謂之性也。蓋生之謂性，人生而靜以上不容說，才說性，便已不是性也。凡人說性，只是說繼之者善也。孟子言人性善是也。夫所謂繼之者善也，猶水流而就下也。皆水也，有流而至海，終無所汙，此何煩人力之為也。有流而未遠，固已漸濁；有出而甚遠，方有所濁。有濁之多者，有濁之少者。清濁雖不同，然不可以濁者不為水也。如此，則人不可以不加澄治之功。故用力敏勇則疾清，用力緩怠則遲清。其清也，卻只是元來水也。亦不是將清來換卻濁，亦不是取出濁來，置在一偶也。水之清，則性善之謂也。故不是善與惡在性中為兩物相對，各自出來。」大程此言，謂性字有兩種講法：一告子所謂「生之謂性」，此已落形氣之中，無純善者。孟子所謂性善，亦指此，不過謂可加澄治之功耳。一則所謂人生而靜以上。此時全不雜氣質，故不可謂之惡。此境雖無可經驗，然人之中，固有生而至善，如水之流而至海，終無所汙者；又有用力澄治，能復其元來之清者。如水然。江河百川，固無不與泥沙相雜。

然世間既有清澄之水；人又可用力澄治，以還水之清。則知水與泥沙，確係兩物。就水而論，固不能謂之不清，而濁非水之本然矣。此人性所以可決為善，而斷定其中非有所謂惡者，與善相對也。（性本至善，然人之生，鮮有不受氣質之累者。不知此理，則將有性惡之疑。故小程謂「論性不論氣不備，論氣不論性不明」也。二程謂心性是一，故於心，亦恆不認其有不善。大程曰：「心本善，發於思慮，則有善有不善。既發則可謂之情，不可謂之心。」小程謂：「在天為命，在人為性，主於身為心，運用處是意。」「問上知下愚不移是性否？曰：此是才。才猶言材料，曲可以為輪，直可以為梁是也。」朱子則善橫渠心統性情之說，謂：「性是靜，情是動，心則兼動靜而言。」）

天下唯有一理。所謂性者，亦即此理。此理之性質，果何如乎？二程斷言之曰仁。蓋宇宙現象，變化不窮，便是生生不已。凡宇宙現象，一切可該之以生，則生之外無餘事。（生殺相對，然殺正所以為生，如冬藏所以為春生地也。故二者仍是一事。）故生之大無對。生即仁也，故仁之大亦無對。人道之本，唯仁而已。大程《識仁篇》暢發斯旨。其言曰：「仁者渾然，與物同體。義理智信，皆仁也。識得此理，以誠敬存之而已。不須防檢，不須窮索。此道與物無對，大不足以明之。天地之用，皆我之用。孟子言萬物皆備於我。須反身而誠，乃為大樂。若反身未誠，猶是二物有對，以己合彼；終未有之，又安得樂。《訂頑》意思，乃備言此體。（橫渠銘其書室之兩牖，東曰《砭愚》，西曰《訂頑》。伊川更為《東銘》、《西銘》。）以此意存之，更有何事？必有事焉而勿正，心勿忘，勿助長，未嘗致纖毫之力，此其存之之道。若存得，便合有得。蓋良知良能，元不喪失。以昔日習心未除，卻須存習此心。久則可奪舊習。此理至約，唯患不能守。然既體之而樂，亦不患不能守也。」曰「與物同體」。曰「天地之用，皆我之用」。曰「萬物皆

備於我，苟能有之，則非復二物相對，不待以己合彼」。皆極言其廓然大公而已。無人我之界，則所謂仁也。小程曰：「仁人道，只消道一公字。」亦此意。（《伊川語錄》：「問仁與心何異？曰：心是就所主言，仁是就事言。」伊川以心與性為一，理與仁為一。性即理，故心即仁也。大程言仁，有極好者。如曰：「醫書言手足痿為不仁，此言最善名狀。仁者以天地萬物為一體，莫非己也。至仁則天地萬物為一身；而天地之間，品物萬形，為四支百體。夫人豈有視四支百體而不愛者哉？」又曰：「仁至難言。故曰：己欲立，而立人；己欲達，而達人。能近取譬，可謂仁之方也已。如是觀之，可以得仁之體。」又曰：「捨己從人最難。己者，我之所有。雖痛舍之，猶懼守己者固，而從人者輕也。」又曰：「大凡把捉不定，皆是不仁。」其言皆極勘察入微。明道曰：「昔受業於周茂叔，每令尋顏子，仲尼樂處，所樂何事。」《朱子語錄》：「問顏子所樂何事。周子、程子終不言。先生以為所樂何事？曰：人之所以不樂者，有私意耳。克己之私，則樂矣。」盡去己私，則不分人我矣。《伊川語錄》：「問仁與聖何以異？曰：人只見孔子言何事於仁，必也聖乎？便為仁小而聖大。殊不知仁可以通上下言之，聖則其極也。今人或一事是仁，可謂之仁。至於盡人道，亦可謂之仁。此通上下言之也。如曰：若聖與仁，則吾豈敢，則又仁與聖兩大。大抵盡仁道者即是聖人，非聖人則不能盡得仁道。」亦以仁為人道之極也。所謂「義禮智信皆仁」者，乃謂義禮智信，皆可該於仁之中耳。非謂有仁，遂可無義禮智信也。《明道語錄》曰：「仁者體也，義者用也。知義之為用而不外焉，可以語道矣。世之所論於義者皆外之。不然，則混而無別。」此數語為義禮知信皆仁之絕好註腳。蓋所謂義理智信皆仁者，謂仁者目的，義禮智信，皆其手段；手段所以達目的，故目的而外，更無餘事也。外之，則義禮智信，與目的對立為二物矣。如殺以止殺，殺，義也，以止殺故

乃殺，則所以行仁也。毒蛇螫手，壯士斷腕，斷腕，義也，行此義，正所以全其身，則仍仁也。良藥苦口，忍痛而飲之，飲之，義也，亦所以全其身，則仁也。蓋義之目的在仁，而其手段則與仁相反。故以仁為目的而行之，則義仍是仁。即以義為目的而行之，則竟是不仁矣。此外之之謂也。故外義即不仁也。混而無別，則又有目的而無手段，所謂婦人之仁也。其心雖仁，其事亦終必至於不仁而後已。故混而無別，亦不仁也。）

　　識得仁，以誠敬存之，固已，然人何緣而能識仁，亦一問題也。此理也，大程於《定性篇》發之。其言曰：「所謂定者，動亦定，靜亦定；無將迎，無內外。苟以外物為外，牽己而從之，是以己性為有內外也。且以己性為隨物於外，則當其在外時，何者為在內？是有意於絕外誘，而不知性之無內外也。既以內外為二本，則又烏可遽語定哉？夫天地之常，以其心普萬物而無心。聖人之常，以其情順萬事而無情。故君子之學，莫若廓然而大公，物來而順應。《易》曰：『貞吉悔亡，憧憧往來，朋從爾思。』苟規規於外誘之除，將見滅於東而生於西也。非唯日之不足，顧其端無窮，不可得而除之。人之情，各有所蔽，故不能適道。大率患在於自私而用智，自私則不能以有為為應跡，用智則不能以明覺為自然。今以惡外物之心，而求昭無物之地，是反鑒而索照也。《易》曰：『艮其背，不獲其身。行其庭，不見其人。』孟氏亦曰：『所惡於智者，為其鑿也。與其非外而是內，不若內外之兩忘也。』兩忘則澄然無事矣。無事則定，定則明，明則尚何應物之為累哉？」此篇所言，一言蔽之，因物付物而已。因物付物，而我無慾焉，則合乎天然之理。合乎天然之理，則仁矣。故誠敬存之，是識仁後事。而因物付物（不自私，不用智），則由之以識仁之道也。（此篇所言，亦為針砭學佛者而發。伊川曰：「學佛者多要忘是非。是非安可忘得？自有許多道理，何事忘

得？夫事外無心，心外無事。世人只為被物所役，便覺苦事多。若物各付物，便役物也。」又曰：「如明鑒在此，萬物畢照，是鑒之常，難為使之不照。人心能交感萬物，亦難為使之不思慮。」皆與此篇意同。二程所謂止者，即物各付物之謂也。明道曰：「知止則自定。」伊川曰：「釋氏多言定，聖人則言止。」伊川論止之理，有極精者。其言曰：「人多不能止。蓋人萬物皆備，遇事時，各因其心之所重者，更互而出。才見得這裡重，便有這事出。若能物各付物，便是不出來也。」又曰：「養心莫善於寡慾。欲不必沉溺，只有所向便是欲。」又曰：「外物不接，內欲不萌，如是而止，乃得止之道。有疑病者，事未至，先有疑端在心。周羅事者，先有周羅事之端在心。皆病也。」其言皆深切著明，足以使人猛省。伊川又曰：「聖人與理為一，故無過不及，中而已矣。其他皆是以心處這個道理。故賢者常失之過，不肖者嘗失之不及。」此可見因物付物，即私慾淨盡之時也。）

大程之所謂定，即周子之所謂靜也。蓋世界紛紛，皆違乎天則之舉動。若名此等舉動為動，則反乎此等舉動者，固可以謂之靜，謂之定。故周子所謂靜，大程所謂定，無二致也。雖然，周子僅言當靜而已，如何而可以靜，未之及也。程子則並言所以求定之方，曰：「涵養須用敬，進學在致知。」蓋當然之天則，在自悟而不容強求。若迫切求之，則即此迫切之心，已與天則為二矣。（《伊川語錄》：「問呂學士言：當求於喜怒哀樂未發之前。信斯言也，恐無著摸。如之何而可？曰：看此語如何地下。若言存養於喜怒哀樂未發之時則可。若言求中於喜怒哀樂未發之時則不可。又問：學者於喜怒哀樂發時，固當勉強裁抑。於未發之前，當如何用功。曰：未發之前，更怎生求？只平日涵養便是。」又：「伊川曰：志道懇切，固是誠意。若迫切不中理，則反為不誠。蓋實理中自有緩急，不容如是之迫。」明道曰：「中者，天下之大本。天地之間，

亭亭噹噹，直上直下之正理。出則不是。唯敬而無失最盡。」亦涵養須用敬之意也。）故識得此理之後，在此以勿忘勿助之法存之也。（勿忘者，不離乎此之謂。勿助者，不以人力強求，以致反離乎此之謂也。）此即程子所謂敬也。然此為識得天則後事，至於未識天則之前，欲求識此天則，則當即物而求其理。此則程子所謂致知也，故定者（即周子之靜）目的。主敬致知，則所以達此目的也。故程氏之學脈，實上承周子；而其方法，則又較周子加詳也。

涵養須用敬，進學在致知二語，為伊川之宗旨。朱子亟稱之。然其說實已備於明道，故二程之性質雖異，其學術則一也。明道論敬之語，已見前。伊川於此，發揮尤為透切。其言曰：「有主則虛，虛則邪不能入。無主則實，實則物來奪之。今夫瓶罌，有水實內，則雖江海之侵，無所能入，安得不虛？無水於內，則淳注之水，不可勝注，安得不實？大凡人心不可二用。用於一事，他事便不能入，事為之主也。事為之主，尚無思慮紛擾之患。若主於敬，又焉有此患乎？（所謂「閑邪則誠自存，主一則不消閑邪」也。）所謂敬者，主一之謂敬。所謂一者，無適之謂一。且欲涵泳主一之義。一則無二三矣。但存此涵養，久之，自然天理明。」程子所謂主一，乃止於至當，而無邪思雜念之謂。故其所謂一者，初非空空洞洞，無所著落。《語錄》：「或問思慮果出於正，亦無害否？曰：且如宗廟則主敬，朝廷則主莊，軍旅則主嚴，此是也。若發不以時，紛然無度，雖正亦邪。」如此說，則強系其心於一物；或空空洞洞，一無著落者，皆不得為思之正。何則？所謂一物者，初非隨時隨地所當念；而隨時隨地，各有其所當念之事，原亦不當落入空寂故也。《語錄》又載伊川語曰：「張天祺嘗自約：上著床，便不得思量事。不思量事後。須強把這心來制縛；亦須寄寓在一個形象，皆非自然。君實只管念箇中字，則又為中繫縛。愚夫不思慮，冥然無知。此過與不及

之分也。」周子所謂靜，本系隨時隨地、止於至當之謂。非謂虛寂。然學者每易誤為虛寂。易之以主敬，則無此弊矣。故主敬之說，謂即發明周子主靜之說可。謂補周子之說末流之弊而救其偏，亦無不可也。故伊川又鄭重而言之曰：「敬則自虛靜。不可把虛靜喚做敬。」（虛寂之靜固有弊。然恆人所患，究以紛擾為多。故學道之始，宜使之習靜，以袪塵累而見本心。此非使之入於虛寂也。故伊川每見人靜坐，輒嘆其善學。初學敬時，雖須隨時檢點，留意於主一。及其後，則須自然而然，不待勉強。否則有作意矜持之時，必有遺漏不及檢點之處矣。故伊川又謂「忘敬而後無不敬」也。「誠敬」二字，義相一貫。蓋誠即真實無妄之謂，敬即守此真實無妄者而不失之謂也。一有不敬，則私意起；私意起，即不誠矣。《伊川語錄》：「季明曰：嘗患思慮不定，或思一事未了，他事如麻又生，如何？曰：不可。此不誠之本也。」令人悚然。）

致知之說，欲即事物而求其理，頗為陽明學者所訾。今之好言科學者，又頗取其說。其實二程所謂致知，不盡如陽明學者所譏，亦非今世所謂科學之致知也。致知之說，亦發自明道。《語錄》：「問不知如何持守？曰：且未說到持守。持守甚事？須先在致知」是也。明道訓「致知在格物」之格為至。謂窮理而至於物，則物理盡。伊川則訓格為窮，訓物為理。謂格物猶言窮理。意亦相同。伊川云：「若只守一個敬，不知集義，卻是都無事也。且如欲為孝，不成只守個『孝』字，須知所以為孝之道。所以奉侍當如何？溫凊當如何，然後能盡孝道也。」與後來陽明之說正相反。又曰：「學者先要會疑。」又曰：「人思如泉湧，汲之愈新。」又曰：「不深思而得者，其得易失。」又：「問人有志於學，然知識蔽錮，力量不至，則如之何？曰：只是致知。若致知，則知識當漸明。不曾見人有一件事，終思不到也。知識明，則力量自進。」其視致知之重，而勸人以致思如此。明道謂：「知至則便意誠。不誠，皆知未

091

至耳。」伊川曰：「勉強行者，安能持久？除非燭理明，自然樂循理。」
又曰：「人謂要力行，亦只是淺近語。人既能知見，豈有不能行？」一
若行全繫於知，既知，則行更無難者。不獨主陽明之學者訾之。即從常
識立論者，亦多疑之。然二程之所謂知，實非常人之所謂知也。常人所
謂知者，不過目擊耳聞，未嘗加以體驗，故其知也淺。二程所謂知，則
皆既經身驗，而確知其然者也，故其知也深。伊川曰：「知有多少般，
煞有淺深。向親見一人，曾為虎所傷。因言及虎，神色便變。旁有數
人，見他說虎，非不知虎之猛，可畏。然不如他有畏懼之色。蓋真知虎
者也。學者深知亦如此。且如膾炙，貴公子與野人，皆知其美。然貴人
聞著，便有欲嗜膾炙之色。野人則不然。學者須是真知。才知得，便泰
然行將去也。」又曰：「如曾子易簀，須要如此乃安。人不能若此者，只
為不見實理。實理得之於心，自別。若耳聞口道，心實不見。若見得，
必不肯安於所不安。」又曰：「古人有捐軀殞命者。若不實見得，烏能
如此？須是實見得生不重於義，生不安於死也，故有殺生成仁者。只是
成就一個是而已。」又曰：「執卷者莫不說禮義。王公大人，皆能言軒
冕外物。及其臨利害，則不知就義理，卻就富貴。如此者，只是說得，
不實見。」凡此所謂知者，皆身體力行後之真知灼見，非口耳剿襲者比。
故伊川謂：「聞見之知，非德性之知。」而訾世之所謂博學多聞者，皆
聞見之知也。蓋二程所謂致知者，原系且實行，且體驗，非懸空摸索之
謂也。然則其所謂知者，實在行之後矣。安得以流俗知而不行之知譏之
哉？故曰：二程之致知，不盡如陽明學者所譏也。（知行二者，真切言
之，固亦難分先後。然自理論言之，固可謂知在先，行在後，此則人之
言語思想，不得不然者也。伊川謂「譬如行路，須是光照」，即此理。
不知而行，往往有貌是而實非者。《伊川語錄》「到底須是知了方能行。
若不知，只是覷了堯，學他行事。無堯許多聰明睿知，怎生得如他動容

周旋中禮」是也。用過此等工夫後，自然有真知灼見，與常人不同。故小程謂「為人處世，聞見事無可疑，多少快活」也。）至謂二程之致知，非今世科學所謂致知者，則以其所言，多主道德，不主知識。明道曰：「良知良能，皆出於天，不繫於人。人莫不有良知。唯蔽於人慾，乃亡天德。」伊川曰：「致知在格物，非由外鑠我也，我固有之也。因物而遷，迷而不悟，則天理滅矣，故聖人慾格之。」其所謂知者可知。故伊川又曰：「致知但知止於至善，如為人子止於孝，為人父止於慈之類，只務觀物理。正如遊騎無歸。」又曰：「物我一理，才明彼，即曉此，合內外之道也。」此豈今科學所謂知哉？伊川曰：「人道莫如敬。未有致知而不在敬者。」又曰：「致知在格物。物來則知起，物各付物，不役其知，則意誠。意誠則心正。此始學之事也。」明道曰：「目畏尖物，此事不得放過，須是克下。室中率置尖物，以理勝他。」有患心疾者，見物皆獅子。伊川教以見即直前捕執之，無物也。久之，疑疾遂愈。此等致知工夫，皆兼力行言之。故伊川謂「有恐懼心，亦是燭理不明」。又謂「克己所以治怒，明理所以治懼」。若如尋常人所為，則稍有知識者，誰不知鬼魅之不足畏，然敢獨宿於墟墓之間者幾人歟？故曰：二程之致知，非今科學家所謂致知也。

　　格物之說，欲即事物而窮其理。事物無窮，即理無窮，格之安可勝格？然於物有所未格，即於理有所未窮，而知亦有所不致矣。此世之致疑於格物之說之最大端也。雖然，此以疑今科學之所謂格物則可。若二程所言之格物，則其意本主於躬行，但須格到此心通曉為止，豈有格盡天下之物之疑哉？（如欲通文字者，但須將他人文字讀之，至自己通曉為止。豈有憂天下文字多，不能盡讀之理？）故如此之說，實不足以疑二程也。《伊川語錄》：「或問格物須物物格之，還是格一物而萬物皆知？曰：怎生便會該通？若只格一物，便通眾理，雖顏子亦不能如此。須是

今日格一件，明日格一件。積習既多，然後有脫然貫通處。」又曰：「自一身之中，至萬物之理，但理會得多，相次，自然豁然有覺處。」所謂脫然貫通，豁然有覺，雖不能謂其必當於真理。然自吾心言之，確有此快然自得之境。試問今之為學者，孰敢以其所得為必確？然用力既深，又孰無此確然自信之境乎？故如此之說，實不足以難二程也。故曰：「所謂窮理者，非道須盡窮天地萬物之理，又不道是窮得一理便到。只是要累積多後，自然見去。」（窮理以我為主，故無論何物皆可窮。小程謂「窮理亦多端：或讀書講明義理；或論古今人物，別其是非；或應事接物，而處其當然」是也。唯其然，故不通於此者，不妨舍而之彼。小程謂「若於一事思未得，且別換一事思之，不可專守著這一事。蓋人之知識，在這裡蔽著，雖強思亦不通」是也。然則王陽明格庭前之竹七日而至於病，乃陽明自誤，不關二程事矣。）

　　格物窮理，皆所以求定性，而定性則所以求合乎天則，故宋儒於天理人慾之界最嚴。明道曰：「吾學雖有所受，『天理』二字，卻是自家體帖出來。」其視之之重可知。所謂天理者，即合乎天則之謂也。所謂人慾者，即背乎天理之謂也。伊川曰：「視聽言動，非禮不為，即是禮。禮即是理也。不是天理，便是人慾。」又曰：「無人慾即是天理。」可見其界限之嚴矣。理學家所謂天理者，往往實非天然之則，而持之過於嚴酷，故為世人所訾。然謂理學家所謂天理者非盡天理則可，謂立身行事，無所謂當然之理者，固不可也。伊川曰：「天下之害，無不由末之勝也。峻宇雕牆，本於宮室。酒池肉林，本於飲食。淫酷殘忍，本於刑罰。窮兵黷武，本於征伐。凡人慾之過者，皆本於奉養。其流之遠，則為害矣。先王制其本者，天理也。後人流於末者，人慾也。損之義，損人慾以復天理而已。」歷舉各事，皆性質同而程度有差者，而其利害，遂至判然。殊足使人悚惕也。

統觀二程之學：《定性》之說，與周子之主靜同。《識仁》一篇，與横渠之《正蒙》無異。所多者，則「涵養須用敬，進學在致知」二語。實行之法，較周張為詳耳。蓋一種哲學之興，其初必探討義理，以定其趨向；趨向既定，則當求行之之方。學問進趨之途轍，固如是也。然二程性質，實有不同，其後朱子表彰伊川，象山遠承明道，遂為理學中之兩大派焉。

二程格物致知之說，既非如流俗所疑，則其與陽明之學之異，果何在乎？曰：二程謂天則在物（伊川曰：「物各有則，須是止於物」。），陽明謂天則在心，此其異點也。參看講《陽明之學》一篇自明。

篇八　晦庵之學

　　宋學家為後人所尊者，莫如朱子。朱子於學，最宗濂溪及二程。然於其餘諸家，亦皆加以研究評論。至其哲學思想，則未有出於周、張、二程之外者。不過研究更為入細，發揮更為透闢耳。故朱子非宋學之創造家，而宋學之整合者也。（陸子一派，僅修養之法，與朱子不同。哲學思想，亦不能出周、張、二程之外。）

　　人類之思想，可分為神學、玄學、科學三時期。神學時期，恆設想宇宙亦為一人所創造。遂有天主造物、黃土搏人等說。此不足論。玄學時期，則舉認識之物分析之，或以為一種原質所成，或以為多種原質所成。所謂一元論、多元論是也。二者相較，又以一元論為較圓滿。玄學之說明宇宙，至此而止，不能更有所進也。

　　宋學家以氣為萬物之原質，與古人同。而又名氣之所以然者為理。此為當時之時代思想，朱子自亦不能外此。

　　有其然必有其所以然，乃人類思想如此，非事實也。就實際言，然與所以然，原系一事。故理氣為二之說，實不如理氣為一之說之的。然謂氣之外，真有一使氣如此之理則非，若明知理氣是一，特因人類思想，有其然，必推求其所以然，因為假立一名，以資推論，則亦無所不可。朱子之論理氣，即系如此。其所見，誠有不如後人瑩澈之處。然世之譏之者，或竟疑朱子謂氣之外別有所謂理之一物焉，則亦失朱子之意已。

　　《語類》云：「理氣本無先後之可言。必欲推其所從來，則須說先有是理。然理又非別為一物，即存乎是氣之中。」又云：「天地之間，只有動靜兩端，循環不已，更無餘事。此之謂易。而其動其靜，則必有所以動靜之理。是則所謂太極者也。」（伊川論《復卦》云：「一陽復於下，乃天地生物之心也。先儒皆以靜為見天地之心，蓋不知動之端，乃天地之心也。」朱子又論之曰：「天地以生物為心者也。雖氣有闔闢，物有盈

虛，而天地之心，則亙古亙今，未始有毫釐之間斷也。故陽極於外，而復生於內，聖人以為於此可以見天地之心焉。蓋其復者氣也，其所以復者，則有自來矣。向非天地之心，生生不息，則陽之極也，一絕而不復續矣，尚何以復生於內，而為闔闢之無窮乎？此則動之端，乃一陽之所以動，非指夫一陽之已動者而言之也。」）答劉叔文云：「所謂理與氣，決是二物。但在物上看，則二物渾淪，不可分開，各在一處。然不害二物之各為一物也。若在理上看，則雖未有物，而已有物之理。此皆謂理氣之別，出於人之擬議，而非真有此二物也。（《語類》云「太極，理也。動靜，氣也。氣行則理亦行。二者常相依，而未嘗相離也。當初元無一物，只有此理。有此理，便會動而生陽，靜而生陰；靜極復動，動極復靜」云云。極似以理為實有其物者。此等處，最易招後人之訾議。然統觀全體，則朱子未嘗以理為實有一物，在氣之外，固彰彰也。《語類》又云：「太極非是別為一物。即陰陽而在陰陽，即五行而在五行，即萬物而在萬物，只是一個理而已。」其說固甚明顯已。）

《語類》：「問天地之氣，當其昏明駁雜時，理亦隨而昏明駁雜否？曰：理卻只恁地，只是氣如此。又問：若氣如此，理不如此，則是理與氣相離矣。曰：氣雖是理之所生，然既生出，則理管他不得。如這理寓於氣了，日用運用間，都由這個氣。只是氣強理弱。」朱子之意，蓋亦如橫渠，謂氣之清虛者無礙，無礙則神；重濁者有形，有形則不免有礙也。如人，稟天地之氣以生，元依據這個理。然形質既成，則其所受之理，即不免隨其形質之偏，而有昏明之異。至此，則理亦不能超乎形氣，而自全其善矣。所謂「管他不得」也。然此固非理之罪，所謂「理卻只恁地」也。

又：「可機問：大鈞播物，還是一去便休？還有去而復來之理？曰：一去便休耳，豈有散而復聚之氣。」此說與伊川「天地之化，自然生生

不窮，更何資於既斃之形，已反之氣」同。殊與質力不滅之理相背，不免陷於斷絕之譏。

朱子之論陰陽，亦以為同體而異用，與橫渠同。《語錄》曰：「陰陽只是一氣。陽之退，便是陰之生。不是陽退了，又別有個陰生。」答楊元範曰：「陰陽只是一氣。陰氣流行即為陽，陽氣凝聚即為陰。非直有二物相對」是也。

陰陽亦人之觀念，而非實有其物，故逐細分析，可以至於無窮。（人非分別不能認識。凡人所認識，皆有彼此之分，即可以陰陽名之。）此理朱子亦見及。《語類》：「統言陰陽只是兩端，而陰中自分陰陽，陽中亦有陰陽。乾道成男，坤道成女。男雖屬陽，而不可謂其無陰。女雖屬陰，而不可謂其無陽。人身氣屬陽，而氣有陰陽。血屬陰，而血有陰陽」云云。此說殊有裨於實用。知此，則知大小善惡等，一切皆比較之詞，而非有一定之性質。以臨事，不滯固矣。（如人之相處，陵人為惡，見陵於人為善，此通常之論也。然世實無陵人之人，亦無見陵於人之人，視所值而異耳。甲強於乙，則陵乙，而乙不敢陵甲。則甲為陵人之人，而乙為見陵於人之人。然丙弱於乙，乙又將陵之；丁更強於甲，亦不免陵甲；則甲又為見陵於人之人，乙又為陵人之人矣。知此，則知世無真可信之人，亦無真可託之國。同理，亦無真不可信之人，真不可託之國。吾國當日俄戰前，群思倚日以排俄；德日戰後，又欲結美以攘日；近日高唱打倒帝國主義，則又不分先後緩急，欲舉外人一切排之，皆不知此等理誤之也。故哲學思想真普及，則群眾程度必增高。）

凡言學問，必承認因果。因果者，現象界中，自然且必然之規律也。此規律，以時間言，則不差秒忽；以空間言，則不爽毫釐；此為舊哲家所謂數。朱子之思想亦如此。《語類》云：「有是理，便有是氣，有是氣，便有是數。」又云「數者，氣之節候」是也。

理學家之所謂理，非普通人之所謂理也。普通人之所謂理，乃就彼所知之事，籀繹得之，約略言之而已。至理學家之所謂理，則必貫通萬事而無礙，乃足以當之。蓋就知識言。必於萬事萬物，無所不曉，而其所知乃真。以行為言，必其所知既真，而所行始可斬其不繆也。此等思想，在今日科學既明，固已知其徒存虛願。然在昔日，哲學家之願望，固多如是。職是故，理學家之於物理，亦多有格致之功。以此雖非急務，固亦在其學問之範圍內也。朱子之好學深思，實非尋常理學家所及。故於物理，探索尤勤，發明亦多。衡以科學，固多不足信。然自是當時哲學家一種見解，而於其學問宗旨，亦多有關係，固不可以不知也。今試略述其說如下：

朱子推想宇宙之生成，亦以陰陽五行之說為本。其言曰：「天地始初混沌未分時，想只有水火二者。水之滓腳便成地。今登高而望，群山皆為波浪之狀，便是水泛如此。只不知因什麼事凝了。初間極軟，後方凝得硬。問：想得如潮水湧起沙相似。曰：然。水之極濁便成地。火之極清，便成風雲雷電日星之屬。」又曰：「大抵天地生物，先其輕清，以及重濁。天一生水，地二生火，二物在五行中最輕清。金木重於水火，土又重於金木。」又論水火木金土之次曰：「竊謂氣之初，溫而已。溫則蒸溽，蒸溽則條達，條達則堅凝，堅凝則有形質。五者雖一有俱有，然推其先後之序，理或如此。」又曰：「天地初開，只是陰陽之氣。這一個氣執行，磨來磨去。磨得急了，便拶許多渣滓。裡面無處出，便結成個地在中央。氣之清者，便為天，為日月，為星辰，只在外常周環運轉。地便在中央不動，不是在下。」又曰：「造化之運如磨。上面常轉而不止。萬物之生，似磨中撒出。有粗有細，自是不齊。」又曰：「晝夜運而無息，便是陰陽之兩端。其四邊散出紛擾者，便是遊氣，生人物之萬殊。如磨面相似。其四邊只管層層散出。天地之氣，運轉無已，只

管層層生出人物。其中有粗有細，如人物有偏有正。」朱子設想宇宙之生成如此。

又推想宇宙之毀壞。其見地，亦與舊說所謂渾沌者同。《語類》：「問天地會壞否？曰：不會壞。只是相將人無道極了，便一齊打合，混沌一番，人物都盡。此所謂不壞者，即是壞。但不斷絕了。」「或問：天地壞也不壞？曰：既有形氣，如何不壞？但一個壞了，便有一個生得來。凡有形有氣，無不壞者。壞已復生，不知其極。天地亦不能不壞，壞已不能不生。氣之作用如此。」又曰：「萬物渾淪未判，陰陽之氣，混合幽暗。及其既分，中間放得開闊光朗，而兩儀始立。邵康節以十二萬九千六百年為一元，則是十二萬九千六百年之前，又是一個大開闢。更以上亦復如此。真是動靜無端，陰陽無始，小者大之影，只畫夜便可見。五峰所謂一氣大息，震盪無垠。海宇變動，山川勃溼。人物消盡，舊跡大滅。是謂鴻荒之世。嘗見高山有螺蚌殼，或生石中。此石即舊日之土，螺蚌即水中之物。下者卻變而為高，柔者卻變而為剛。」云：「有形有氣，無不壞者。天地亦不能不壞，壞已不能不生。」可見其深信物理規則。又謂「雖壞而不斷絕」，「動靜無端，陰陽無始」，則其說，雖置之認識論中，亦無病矣。

生物之始，朱子亦以意言之。《語類》：「問初生第一個人時如何？曰：以氣化。二五之精，合而成形，釋家謂之化生。如今物之化生者甚多，如蟲然。」又曰：「生物之初，陰陽之精，自凝結成兩個，一牝一牡。後來卻從種子漸漸生去，便是以形化。」

張子以鬼神為二氣之良能，程子以鬼神為造化之跡，朱子則兼取其說。《語類》：「問：《近思錄》既載鬼神者造化之跡，又載鬼神者二氣之良能，似乎重了？曰：造化之跡，是日月星辰風雨之屬。二氣良能，是屈伸往來之理。」又曰：「且就這一身看，自會笑語，有許多聰明知

識，這是如何得恁地？虛空之中，忽然有風有雨，忽然有雷有電，這是如何得恁地？這都是陰陽相感，都是鬼神。看得到這裡，見得到一身只是個軀殼在這裡，內外無非天地陰陽之氣。如魚之在水，外面水，便是肚裡面水；鱖魚肚裡水，與鯉魚肚裡水一般。」又曰：「以二氣言，則鬼者，陰之靈也；神者，陽之靈也。以一氣言，則至而伸者為神，反而歸者為鬼。日自午以前是神，午以後是鬼。月自初三以後是神，十六以後是鬼。草木方發生來是神，凋殘衰落是鬼。人自少至壯是神，衰老是鬼。鼻息呼是神，吸是鬼。」如此，則宇宙之間，一切現象，無非鬼神矣。故曰：「以功用謂之鬼，以妙用謂之神。」

　　如此，則所謂鬼神，初不足怪，亦不必以為無何則？不足怪，自不待以為無也。朱子論世俗所謂鬼神怪異者曰：「雨露風雷，日月晝夜，此鬼神之跡也。此是白日公平正直之鬼神。若所謂有嘯於梁，觸於胸，此則所謂不正邪暗，或有或無，或去或來，或聚或散者。又有所謂禱之而應，祈之而獲，此亦所謂鬼神。同一理也。問：伊川言鬼神造化之跡，此豈亦造化之跡乎？曰：皆是也。若論正理，則似樹上忽生出花葉，此便是造化之跡。又如空中忽然有雷霆風雨，皆是也。但人所常見，故不之怪。忽聞鬼嘯鬼火之屬，則便以為怪。不知此亦造化之跡，但不是正理，亦非理之所無也。」又曰：「如起風，作雨，打雷，閃電，花生，花結，非有神而何？自不察耳。才說見鬼神事，便以為怪。世間自有個道理如此，不可謂無，特非造化之正耳。此為得陰陽不正之氣，不須驚惑。所以夫子不語怪，以其明有此事，特不語耳。南軒說無便不是。」此等說，今日觀之，未為得當。然在當日，無實驗科學可據；而自古相傳之說，其勢方盛，勢難遽斷為無。故雖有哲學思想者，於神怪之說，亦多認其有，而以物理釋之（如王仲任即其人也）。其說雖未得當，然其務以平易可據之理，解釋奇怪不可思議之事，則固學者所有事，而與恆人不同者也。

　　理學家之論鬼神如此。其說，與世俗「人死為鬼，一切如人，特有形無質」之見，最不相容。自理學家之論推之，可決世俗所謂鬼神者為無有。然古代書籍，固多以鬼為有。宋儒最尊古者也，其敢毅然決此藩籬乎？曰：朱子固能之矣。此說也，見於朱子答廖仲晦之書。廖氏《原書》曰：「德明平日鄙見，未免以我為主。蓋天地人物，統體只是一性。生有此性，死豈遽亡之？夫水，有所激與所礙，則成漚。正如二機，闔闢不已，妙合而成人物。夫水固水也，漚亦不得不謂之水，特其形則漚，滅則還復是本水也。人物之生，雖一形具一性，及氣散而滅，還復統體是一而已。豈復分別是人是物之性。所未者，正唯祭享一書，推之未行。若以為果饗耶？神不歆非類，大有界限，與統體還一之說不相似。若曰饗與不饗，蓋不必問，但報本之道，不得不然，而詩書卻明言神嗜飲食，祖考來格之類，則又極似有饗之者。竊謂人雖死無知覺，知覺之原仍在。此以誠感，彼以類應。若謂盡無知覺之原，只是一片大虛寂，則斷滅無復實然之理，亦恐未安。君子曰終，小人曰死，則智愚於此，亦各不同。故人不同於鳥獸草木，愚不同於聖。雖以為公共道理，然人須全而歸之，然後足以安吾之死。不然，則人何用求至聖賢？何用與天地相似？倒行逆施，均於一死，而不害其為人，是真與鳥獸禽魚俱壞，懵不知其所存也。」廖氏之說，即以所謂鬼者，自理論推之，不能有；然古書明言其有，不敢決其為無；因而麴生一解，以為人死，仍有其知覺之原，凝然具在，不與大化為一。雖與世俗之見異，實仍未脫乎世俗之見之臼窠也。朱子答之曰：「賢者之見，所以不能無失者，正坐以我為主，以覺為性爾。夫性者，理而已矣。乾坤變化，萬物受命，雖稟之在我，然其理，則非有我之所得私也。所以反身而誠，蓋謂盡其所得乎己之理，則知天下萬物之理，初不外此。非謂盡得我之知覺，則眾人之知覺，皆是此物也。性只是理，不可以聚散言。其聚而生，散而死者，氣而已矣。所謂精神魂魄，有知有覺者，皆氣之所為也。故聚則

有，散則無。若理則初不為聚散而有無也。但有是理則有是氣，苟氣聚乎此，則其理亦命乎此耳。不得以水漚比也。鬼神便是精神魂魄；程子所謂天地之功用，造化之跡；張子所謂二氣之良能；皆非性之謂也。故祭祀之禮，以類而感，以類而應。若性則又豈有類之可言邪？然氣之已散者，既化而無有矣；其根於理而日生者，則固浩然而無窮也。上蔡謂我之精神，即祖考之精神，蓋謂此也。豈曰一受其成形，則此性遂為吾有，雖死而猶不滅，截然自為一物，藏乎寂然一體之中，以俟夫子孫之求，而時出以饗之邪？必如此說，則其界限之廣狹，安頓之處所，必有可指言者。且自開闢以來，積至於今，其重並積疊，計已無地之可容矣。是又安有此理邪？且乾坤造化，如大洪爐，人物生生，無少休息，是乃所謂實然之理，不憂其斷滅也。今乃以一片大虛寂目之，而反認人物已死之知覺，謂之實然之理，豈不誤哉？又聖賢所謂歸全安死者，亦曰：無失其所受乎天之理，則可以無愧而死耳。非以為實有一物，可奉持而歸之，然後吾之不斷不滅者，得以晏然安處乎冥漠之中也。夭壽不貳，修身以俟之，是乃無所為而然者。與異端為生死事大，無常迅速，然後學者，正不可同日而語。今乃混而言之，以彼之見，為此之說，所以為說愈多而愈不合也。」此論將世俗所謂有鬼之見，摧破殆盡。其曰理無斷滅，氣之根於理而日生者，浩然而無窮，可見宇宙雖不斷滅，而人之自私其身，而不欲其亡，因之強執死後仍有一無體質而有精神之我，純是虛說。如此，則既無天堂可歆，亦無地獄可怖；而猶力求不愧不怍，全受全歸，可謂無所為而為之。其情感，或不如信教者之熱；其動機，則較之信教者高尚多矣。然宋學所以僅能為哲學，而不能兼神教之用者亦以此。（古書所謂有鬼者，自繫世俗迷信之談。以理學家之理釋之，無論如何，無有是處。朱子《答吳伯豐書》曰：「吾之此身，即祖考之遺體。祖考之所以為祖考者，蓋具於我而未嘗亡也。是其魂升魄

降，雖已化而無有；然理之根於彼者，既無止息；氣之具於我者，復無間斷。吾能致精竭誠以求之，此氣既純一而無所雜，則此理自昭著而不可掩。此其苗脈之較然可睹者也。上蔡云：三日齋，七日戒，求諸陰陽上下，只是要集自家之精神。蓋我之精神，即祖考之精神，在我者既集，即是考之來格也。」此說雖勉強調和，然幾於即以生人之精神，為鬼神矣。）

　　然朱子之說雖妙，而謂氣聚則有，散則無；又謂氣之已散者化而無有，根於理而日生者，浩然無窮；則殊與質力不滅之理相背；而與其大鈞播物，一去便休之說同病。實信伊川大過致之也。《語類》：「橫渠說：形潰反原。以為人生得此個物事。既死，此個物事，卻復歸大原去，又從裡面抽出來生人。如一塊黃泥，既把來做彈子了；卻依前歸一塊裡面去，又做個彈子出來。伊川便說是不必以既屈之氣，為方伸之氣。若以聖人精氣為物，遊魂為變之語觀之，則伊川之說為是。蓋人死則氣散。其生也，又從大原裡面發出來。」此二說者，比而觀之，不必科學，亦不必森嚴之論理，即以常識推斷，亦覺張子之說為是，小程之說為非。以張子能泯有無之見，而小程不然也。而朱子顧以程子之說為是，何哉？蓋由先存一闢佛之見，故有此蔽。《語類》又曰：「釋氏謂人死為鬼，鬼復為人。如此，則天地間只是許多人來來去去，更不由造化。生生都廢。卻無此理也。」此朱子所以不信橫渠之說也。殊不知所謂生生，只是變化，並非自無出有。輪迴之說，實較伊川之言，為合於論理也。

　　朱子既有此蔽，故於有無聚散，分別不甚清楚。其論鬼神皆然。《語類》：「問人死時，這知覺便散否？曰：不是散，是盡了。氣盡則知覺亦盡。」又曰：「神之氣，常屈伸而不已。人鬼之氣，則消散而無餘矣。其消散，亦有久速之異。人有不伏其死者，所以既死而此氣不散，為妖為怪。如人之凶死，及僧道既死，多不散者。聖賢則安於死，豈有不散

而為神怪者乎？」又曰：「死而氣散，泯然無跡者，是其常道理恁地。有託生者，是偶然聚得氣不散，又怎生去湊著那生氣，便再生。然非其常也。」又曰：「氣久必散。人說神仙，一代說一項。漢世說甚安期生。至唐以來，則不見說了。又說鍾離權、呂洞賓。而今又不見說了。看得來，他也養得分外壽考，然終久亦散了。」又曰：「為妖孽者，多是不得其死，其氣未散。若是尪羸病死的人，這氣消耗盡了方死，豈復更鬱結成妖孽？然不得其死者，久之亦散。如今打面做糊，中間自有成小塊核不散底，久之，漸漸也自會散。」麵糊中小塊核，可云散而不可云無，朱子未之思也。（朱子之意，蓋以尚有形跡者為散，毫無形跡，即尋常人所謂空者為無。然此說殊誤也。）

朱子論人，則以為魄屬鬼，氣屬神。其說曰：「人之語言動作是氣，屬神。精血是魄，屬鬼。發用處皆屬陽，是神。氣定處皆屬陰，是魄。知識處是神，記事處是魄。人初生時，氣多魄少。後來魄漸盛。到老魄又少。所以耳聾目昏，精力不強，記事不足。」此據陰陽立說也。又據五行，謂水是魄，火是魂。以《左氏》有「人生始化曰魄，既生魄，陽曰魂」之語也。因謂人有魄而後有魂，故「魄為主為幹」（案此與邵子「陽有去而陰常居」之說合）。又謂人「精神知覺，皆有魄後方有」。引周子「形既生矣，神發知矣」之說為證（周子之意，似不謂形神有先後。）。又有取於釋氏地水火風之說。謂「火風是魂，地水是魄。人之暖氣是火，運動是風，皮肉屬地，涕唾屬水。魂能思量記度，運用作為，魄則不能。故人之死也，風火先散，則不能為祟」。皆據舊說推度而已矣。

朱子論性，亦宗程子「論性不論氣不備，論氣不論性不明」之說。其所以謂論性不論氣不備者？蓋以確見人及禽獸，其不善，確有由於形體而無可如何者也。《語類》曰：「論萬物之一原，則理同而氣異。睹萬

物之異體，則氣猶相近，而理絕不同（謂萬物已稟之而為性之理也）。氣相近，如知寒暖，識饑飽，好生惡死，趨利避害，人與物都一般。理不同，如蜂蟻之君臣，只是他義上有一點子明；虎狼之父子，只是他仁上有一點子明；其他更推不去。大凡物事稟得一邊重，便占了其他的。如慈愛的人少斷制，斷制之人多殘忍。蓋仁多便遮了那義，義多便遮了那仁。」（按此即無惡只有過不及之說。）又曰：「唯其所受之氣，只有許多，故其理亦只有許多。如犬馬，他這形氣如此，故只會得如此事。」此猶今之主心理根於生理者，謂精神現象，皆形體之作用也。唯其然也，故朱子謂人確有生而不善者，欲改之極難。《語類》曰：「今有一樣人，雖無事在這裡坐，他心裡也只思量要做不好事。如蛇虺相似，只欲咬人。他有什麼發得善？」又曰：「如日月之光，在露地則盡見之。若在葆屋之下，有所蔽塞，則有見有不見。在人則蔽塞有可通之理。至於禽獸，則被形體所拘，生得蔽隔之甚，無可通處。」朱子之見解如此，故曰「人之為學，卻是要變化氣質，然極難變化」也。此等處，朱子以為皆從氣質上來。蓋朱子以全不著形跡者為理，而謂性即理，則性自無可指為不善。《語類》曰：「氣之菁英者為神。金木水火土非神，所以為金木水火土者是神。在人則為理，所以為仁義禮智信者是也。」又曰：「人生而靜以上，即是人物未生時。人物未生時，只可謂之理，說性未得，此所謂在天為命也。才謂之性，便是人生以後，此理已墮在形氣之中，不全是性之本體矣。」夫如是，則所謂性者，全與實際相離，只是一可以為善之物，又安得謂之不善：故朱子將一切不善，悉歸之於氣也。氣何以有不善？朱子則本其宇宙觀而為言曰：「人所稟之氣，雖皆是天地之正氣，然滾來滾去，便有昏明厚薄之異。」又曰：「天地之運，萬端而無窮。日月清明，氣候和正之時，人稟此氣，則為清明渾厚之氣，須做個好人。若是日月昏暗，寒暑反常，皆是天地之戾氣，人若稟

此氣，則為不好的人。」此朱子謂氣不盡善之由也。「性無氣質，卻無安頓處。」自朱子觀之，既落形氣之中，無純粹至善者。（「或問：氣清的人，自無物慾。曰：也如此說不得。口之慾味，耳之慾聲，人人皆然。雖是稟得氣清，才不檢束，便流於欲去。」）若不兼論形氣，則將誤以人所稟之性為純善，而昧於其實在情形矣。此所謂論性不論氣不備也。

其謂論氣不論性不明者？則以天下雖極惡之人，不能謂其純惡而無善。抑且所謂惡者本非惡，特善之發而不得其當者耳。朱子論「惡亦不可不謂之性」，曰：「他源頭處都是善，因氣偏，這性便偏了。然此處亦是性。如人渾身都是惻隱而無羞惡，都羞惡而無惻隱，這個便是惡德。這個喚做性邪不是？如墨子之性，本是惻隱。孟子推其弊，到得無父處。這個便是惡亦不可不謂之性也。」然則論氣不論性，不但不知惡人之善處，並其惡性質，亦無由而明矣。夫猶是善性也，所以或發而得其當，或發而不得其當者，形質實為之累，此所謂論性不論氣不備，然雖發不得當，而猶是可以發其當之物，則可見性無二性，理無二理。故《語類》譬諸隙中之日。謂「隙之大小長短不同，然其所受，卻只是此日」。又謂「蔽錮少者，發出來天理勝；蔽錮多者，發出來私慾勝；便見本原之理，無有不善」也。此而不知其同出一原，則於性之由來，有所誤會矣。此所謂論氣不論性不明也。

善惡既同是一性，所謂惡者，特因受形氣之累而然。夫形氣之累，乃後起之事；吾儕所見，雖皆既落形氣之性；然性即是理，不能謂理必附於形質。猶水然，置諸欹斜之器，則其形亦欹斜，不能因吾儕只見欹斜之器，遂謂水之形亦欹斜也。故世雖無純善之性，而論性則不得不謂之善也。

性既本善，而形氣之累，特後起之事，則善為本質，而不善實非必然。故曰：「人生都是天理。人慾卻是後來沒把鼻生底。」此說實與釋

氏真如無明之說，訊息相通，可參看第二篇。（朱子所謂善者，不外本性全不受形氣之累。本性全不受形氣之累而發出，則所謂天理。而不然者則所謂人慾也。所謂天理者，乃凡事適得其當之謂，此即周子之所謂中。朱子曰：「有個天理，便有個人慾。蓋緣這天理須有個安頓處，才安頓得不恰好，便有人慾出來。」安頓得恰好，即周子所謂中；守此中而勿失，則周子所謂靜也。故朱子之學，實與周子一脈相承者也。安頓得恰好者？朱子曰：「飲食，天理也。要求美味，人慾也。」設喻最妙。）

　　朱子論性之說如此。蓋其所謂善者，標準極高，非全離乎形氣，不足以當之，故其說如此。因其所謂善者，標準極高，故於論性而涉及朱子之所謂氣者，無不加以駁斥；而於程張氣質之說，程子性即理之言，極稱其有功於聖門，有補於後學。蓋論性一涉於氣質，即不免雜以人慾之私，不克與朱子之所謂善者相副；而朱子之所謂性者，實際初無其物，非兼以氣質立論，將不能自圓其說也。（朱子評古來論性者之說：「孟子恐人謂性元來不相似，遂於氣質內挑出天之所命者，說性無有不善。不曾說下面氣質，故費分疏。荀子只見得不好底。揚子又見得半上半下底。韓子所言，卻是說得稍近，惜其少一氣字，性那裡有三品來？」「以氣質論，則凡言性不同者，皆冰釋矣。」「氣質之說，起於張程，極有功於聖門，有補於後學。」又謂「程先生論性，只云性即理也，豈不是見得明？真有功於聖門」。朱子之堅持性即理，而力闢混氣質於性，亦由其欲闢佛而然。故曰：「大抵諸儒說性，多說著氣。如佛氏，亦只是認知覺作用為性。」知覺作用，固朱子所謂因形氣而有者也。）

　　人之一生，兼備理氣二者，其兼備之者實為心。故朱子深有取於橫渠「心統性情」之說，以為顛撲不破。又詳言之曰：「性者，心之理。情者，性之動。心，性情之主。」又譬之曰：「心如水，性猶水之靜，情

則水之流，欲則水之波瀾。」（又曰：「心如水，情是動處，愛即流向去處。」又以「心為太極，心之動靜為陰陽」。）孟子所善四端，朱子謂之情，曰：「性不可言，所以言性善者，只看惻隱辭遜四端，如見水流之清，則知源頭必清矣。」心兼動靜言，則動靜皆宜致養。故朱子曰：「動靜皆主宰，非靜時無所用，至動時方有主宰。」又謂「唯動時能順理，則無事時能靜。靜時能存，則動時得力。」須是動時也做工夫，靜時也做工夫也。

朱子論道德，亦以仁為最大之德，靜為求仁之方。其《仁說》謂：「仁者仁之本體。禮者仁之節文。義者仁之斷制。知者仁之分別。信以見仁義禮智，實有此理。必先有仁，然後有義禮智信。故以先後言之，則仁為先。以大小言之，則仁為大。」又謂「明道聖人以其情順萬物而無情，說得最好」。（《語類》曰：「動時靜便在這裡。順理而應，則雖動亦靜，不順理而應，則雖塊然不交於物，亦不能得靜。」順理而應，即所謂以其情順萬物而無情也。）至於實行之方，則亦取伊川「涵養須用敬，進學在致知」二語。而於用敬，則提出「求放心」三字；於致知，則詳言格物之功；實較伊川言之，尤為親切也。

《中庸》曰：「喜怒哀樂之未發，謂之中。發而皆中節，謂之和。中也者，天下之大本也。和也者，天下之達道也。」龜山門下，以「體認大本」為相傳指訣。謂執而勿失，自有中節之和。朱子以為少偏。謂「才偏便做病。道理自有動時，自有靜時。學者只是敬以直內，義以方外，見得世間無處不是道理。不可專要去靜處求。所以伊川謂只用敬，不用靜，便說平也」。又云：「周先生只說一者無慾也，這話頭高，卒急難湊泊。尋常人如何便得無慾？故伊川只說個敬字。教人只就這敬字上捱去，庶幾執捉得定，有個下手處。要之皆只要人於此心上見得分明，自然有得爾。然今之言敬者，乃皆裝點外事，不知直截於心上求功，遂覺累墜不快活。不若眼下於求放心處有功，則尤得力也。」此朱子主敬

之旨也。（又曰：「敬有死敬，有活敬，若只守著主一之敬，遇事不濟之以義，而不活。熟後敬便有義，義便有敬。靜則察其敬與不敬，動則察其義與不義。敬義夾持，循環無端，則內外透澈。」）

　　其論致知，則盡於《大學補傳》數語。其言曰：「人心之靈，莫不有知。而天下之物，莫不有理。唯於理有未窮，故其知有不盡也。是以大學始教，必使學者，即凡天下之物，莫不因其已知之理而益窮之，以求至乎其極。至於用力之久，而一旦豁然貫通焉。則眾物之表裡精粗無不到，而吾心之全體大用，無不明矣。」此數語，謂理不在心而在物，最為言陽明之學者所詆訾。然平心論之，實未嘗非各明一義。至於致知力行，朱子初未嘗偏廢。謂朱子重知而輕行，尤誣詆之辭也。今摘錄《語類》中論知行之語如下：

　　《語類》曰：「動靜無端，亦無截然為動為靜之理。且如涵養致知，亦何所始？謂學莫先於致知，是知在先。又曰：未有致知而不在敬者，則敬亦在先。從此推去，只管恁地。」是朱子初未嘗謂知在先，行在後也。又曰：「自家若得知是人慾蔽了，便是明處。只這上，便緊緊著力主定。一面格物。」是朱子實謂力行致知，當同時並進也。又曰：「而今看道理不見，不是不知，只是為物塞了。而今粗法，須是打疊了胸中許多惡雜，方可。」則並謂治心在致知之前矣。又曰：「方其知之而未及行之，則知尚淺。既親歷其域，則知之益明，非前日之意味。」則知必有待於行，幾與陽明之言，如出一口矣。又朱子所謂格物致知，乃大學之功，其下尚有小學一段工夫。論朱子之說者，亦不可不知。朱子答吳晦叔曰：「夫泛論知行之理，而就一事以觀之，則知之為先，行之為後，無可疑者。然合夫知之淺深，行之大小而言，則非有以先成乎其小，亦將何以馴致乎其大者哉？蓋古人之教：自其孩幼，而教之以孝悌誠敬之實；及其少長，而傳之以詩書禮樂之文；皆所以使之即夫一事一物之間，各有以知其義理之所在，而致涵養踐履之功也。及其十五成童，學

於大學，則其灑掃應對之間，禮樂射御之際，所以涵養踐履之者，略已小成矣。於是不離乎此，而教之以格物以致其知焉。致知云者，因其所已知者，推而致之，以及其所未知者，而極其至也。今就其一事之中而論之，則先知後行，固各有其序矣。誠欲因夫小學之成，以進乎大學之始，則非涵養踐履之有素，亦豈能以其雜亂紛糾之心，而格物以致其知哉？故《大學》之書，雖以格物致知，為用力之始，然非謂初不涵養踐履，而直從事於此也；又非謂物未格，知未至，則意可以不誠，心可以不正，身可以不修，家可以不齊也。若曰：必俟知至而後可行，則夫事親從兄，承上接下，乃人生所一日不能廢者，豈可謂吾知未至，而暫輟以俟其至而後行之哉？」讀此書，而朱子於知行二者，無所輕重先後，可以曉然矣。

　　偏重於知之說，朱子亦非無之。如曰：「講得道理明時，自是事親不得不孝，事兄不得不弟，交朋友不得不信。」論前人以黑白豆澄治思慮（起一善念，則投一白豆於器中。起一惡念，則投一黑豆於器中）曰：「此則是個死法。若更加以讀書窮理底工夫，則去那般不正底思慮，何難之有？」皆以為知即能行。（唯此所謂知者，亦非全離於行。必且力行，且體驗，乃能知之。）蓋講學者，大抵系對一時人說話。陽明之時，理學既已大行。不患此理之不明，唯患知之而不能有之於己，故陽明救以知行合一之說。若朱子之時，則理學尚未大行，知而不行之弊未著，唯以人之不知為患，故朱子稍側重於知。此固時代之異，不足為朱子諱，更不容為朱子咎。朱子、王子，未必不易地皆然也。讀前所引朱子論知行之說，正可見大賢立言之四平八穩，不肯有所偏重耳。（在今日觀之，或以為不免偏重。然在當日，則已力求平穩矣。必先尚論其世，乃可尚論其人。凡讀先賢之書皆然，亦不獨朱子也。）

　　以上為朱子學說之大略。其與他家辯論之語，別於講他家之學時詳之。

　　朱子之不可及處，實在其立身之剛毅，進學之勇猛。今錄其言之足資激發者如下，俾學者知所矜式焉。《語類》曰：「事有不當耐者，豈可常學耐事。學耐事，其弊至於苟賤不廉。學者須有廉隅牆壁，便可擔負得大事去。如子路，世間病痛都沒了。親於其身為不善者不入，此大者立也。」又曰：「恥有當忍者，有不當忍者。今有一樣人，不能安貧，其氣錯屈，以至立腳不住，亦何所不至？因舉呂舍人《詩》云：逢人即有求，所以百事非。」又曰：「學者常常以志士不忘溝壑為念，則道理重而計較死生之心輕矣。況衣食至微末事，不得亦未必死，亦何用犯義犯分，役心役志以求之邪？某觀今人，因不能咬菜根，而至於違其本心者，眾矣！可不戒哉？唯君子，然後知義理之必當為，與義理之必可恃。利害得失，既無所入於其心；而其學，又足以應事物之變；是以氣勇謀明，無所懾憚。不幸蹉跌，死生以之。小人之心，一切反是。」答劉季章曰：「天下只有一理，此是即彼非，此非即彼是，不容並立。故古之聖賢，心存目見，只有義理，都不見有利害可計較。日用之間，應事接物，直是判斷得直截分明。而推以及人，吐心吐膽，亦只如此，更無回互。若信得及，即相與俱入聖賢之域。若信不及，即在我亦無為人謀而不盡的心。而此理是非，昭然明白；今日此人雖信不及，向後他人，須有信得及底，非但一人之計也。若如此所論，則在我者，未免視人顏色之可否，以為語默，只此意思，何由能使彼信得及乎？」以上數條，皆足見朱子立身之剛毅。國有道，不變塞焉。國無道，之死不變。真足使貪夫廉，懦夫有立志也。其論進學之語云：「書不記，熟讀可記。義不精，細思可精。唯有志不立，直是無著力處。只如而今，貪利祿而不貪道義，要作貴人而不要作好人，皆是志不立之病。直須反覆思量，究見病痛起處，勇猛奮躍，不復作此等人。一躍躍出，見得聖賢所說，千言萬語，都無一事不是實語，方始立得此志。就此累積工夫，迤邐向

上去，大有事在。」又曰：「直須抖擻精神，莫要昏鈍。如救火治病然，豈可悠悠歲月？」又曰：「學者讀書，須是於無味處致思。至於群疑並興，寢食俱廢，乃能驟進。因嘆驟進二字，最下得好。須是如此。若進得些子，或進或退，若存若亡，不濟事。如用兵相殺，爭得些兒，小可一二十里地，也不濟事。須大殺一番，方是善勝。」以上數條，皆足見朱子進學之勇猛。亦能玩時日者，讀之悚然汗下。固知一代大儒，其立身行己，必有異於尋常人之處也。凡我後學，可不懷見賢思齊之念哉？

篇九　象山之學

　　一種學問，必有其興起之時，亦必有其成熟之時。興起之時，往往萬籟爭鳴，眾源並發。至成熟之時，則漸匯為一二派。北宋之世，蓋一種新哲學興起之時；南宋之世，則漸就成熟之時也。其時講學有名者，乾淳三先生而外，當推陸象山。乾淳三先生：呂之學較粗，其後遂流為永嘉、永康兩派。雖可謂獨樹一幟，然在宋代學派中，不過成割據之局。南軒之學，與朱子大同，並不能獨樹一幟。（南軒亦主居敬窮理，唯稍側重於居敬耳。其說謂：「必先從事於敬，使人慾除，乃可以言格物。否則辨擇於發見之際，恐不免於紛擾。」按此等議論，朱子亦非無之。朱子謂：「南軒、伯恭之學皆疏略。南軒疏略，從高處去。伯恭疏略，從卑處去。」蓋謂其操持之功稍欠。至其學問宗旨，則無甚異同也。）其與朱學對峙，如晉楚之爭霸中原者，則象山而已。

　　朱子謂：「上蔡之說，一轉而為張子韶，張子韶一轉而為陸子靜。」又謂：「上蔡說仁說覺，分明是禪。」又云：「如今人說道，愛從高妙處說，便入禪去。自上蔡以來已然。」又謂：「明道說話渾淪。然太高，學者難看。」又云：「程門高第，如謝上蔡、遊定夫、楊龜山，稍皆入禪學去。必是程先生當初說得高了，他們只見上一截，少下面著實工夫，故流弊至此。」然則象山之學，實遠承明道（象山不甚稱伊川，而稱明道處極多）。蓋道理自有此兩派，至南宋眾流漸匯時，朱、陸各主其一也。（上蔡以有知覺痛癢為仁。又曰：「桃杏之核，為種而生者謂之仁，言有生之意。」又曰：「堯舜湯武事業，只是與天理合一。幾曾做作？蓋世的功業，如太空中一點雲相似，他把做什麼？」說皆極似象山。然實自明道《識仁》、《定性》篇出。）

　　朱陸之異，象山謂「心即理」，朱子謂「性即理」而已。唯其謂性即理，而心統性情也，故所謂性者，雖純粹至善；而所謂心者，則已不能離乎氣質之累，而不免雜有人慾之私。唯其謂心即理也，故萬事皆具

於吾心；吾心之外，更無所謂理；理之外，更無所謂事。一切工夫，只在一心之上。二家同異，後來雖枝葉繁多，而溯厥根源，則唯此一語而已。

《象山年譜》云：「象山三四歲時，思天地何所窮際，不得，至於不食。父呵之，乃姑置，而胸中之疑終在。後十餘歲，讀書，至『宇宙』二字，解者曰：『四方上下曰宇，往古來今曰宙。』忽大省，曰：『元來無窮。人與天地萬物，皆在無窮之中者也。』乃援筆書曰：『宇宙內事，乃己分內事。己分內事，乃宇宙內事。』又曰：『宇宙便是吾心，吾心即是宇宙。』東海有聖人出焉，此心同，此理同也。西海有聖人出焉，此心同，此理同也。南海北海有聖人出焉，此心同，此理同也。千百世之上，有聖人出焉，此心同，此理同也。千百世之下，有聖人出焉，此心同，此理同也。」象山之攝萬有於一心，自小時已然矣。

唯其然也，故象山之學，極為「簡易直截」。（此陽明稱之之語）其言曰：「道遍滿天下，無些小空闕。四端萬善，皆天之所予，不勞人妝點。但是人自有病，與他相隔了。」此言人心之本善也。又曰：「此理充塞宇宙。所謂道外無事，事外無道。捨此而別有商量，別有趨向，別有規模，別有形跡，別有行業，別有事功，則與道不相干；則是異端，則是利慾；謂之陷溺，謂之臼窠；說只是邪說，見只是邪見。」此言欲做工夫，唯有從事於一心也。又曰：「涓涓之流，積成江河。泉源方動，雖只有涓涓之微，卻有成江河之理。若能不捨晝夜，如今雖未盈科，將來自盈科；如今雖未放乎四海，將來自放乎四海。然學者不能自信，見夫標末之盛者，便自荒忙，舍其涓涓而趨之。卻自壞了。曾不知我之涓涓，雖微，卻是真；彼之標末，雖多，卻是偽。恰似儳水來，其涸可立而待也。」此言從事於此一途者之大可恃也。象山嘗曰：「餘於踐履，未能純一。然才自警策，便與天地相似。」又語學者：「念慮之不正者，

頃刻而知之，即可以正。念慮之正者，頃刻而失之，即可不正。」又謂：「我治其大而不治其小，一正則百正。」誠不愧簡易直截矣。

象山之學，實陽明所自出，故其言有極相似者。如曰：「人精神在外，至死也勞攘。須收拾作主宰，收得精神在內。當惻隱，即惻隱；當羞惡，即羞惡。誰欺得你？誰瞞得你？」居象山，多告學者曰：「汝耳自聰，目自明；事父自能孝，事兄自能弟。本無欠闕，不必他求；在自立而已。」皆與陽明如出一口。

象山之學，以先立乎其大者為主。故於傍人門戶，無所自得者，深鄙視之。於包藏禍心，作偽於外者，尤所痛絕。其言曰：「志於聲色貨利者，固是小。剿摸人之言語者，與他一般是小。」又曰：「學者須是打疊田地淨潔，然後令他奮發植立。若田地不淨潔，則奮發植立不得；亦讀書不得。若讀書，則是藉寇兵，資盜糧。」象山非謂不當讀書，亦非謂不當在事上磨煉。特如吾儕今日之居心，則自象山視之，皆不足讀書，亦不足磨練者耳。所謂先立乎其大者也。

象山與陽明，學皆以心為主，故有心學之稱。凡從事於心學者，其於外務必較疏，自省之功則較切；其能發覺心之病痛，亦較常人為深；故其言多足發人深省。象山策勵人之語曰：「要當軒昂奮發，莫恁地沉埋在卑陋凡下處。」又云：「㿂雞終日營營，無超然之意。須是一刀兩斷。何故營營如此？營營地討個什麼？」此等語，真是暮鼓晨鐘，令吾輩日在世情路上討生活者，悚然汗下矣。陸子之訪朱子於南昌也，朱子請登白鹿洞講席，講「君子喻於義」一章。後刻其文於石。其言曰：「此章以義利判君子小人，辭旨曉白。然讀之者苟不切己觀省，恐亦未能有益也。某平日讀此，不無所感。竊謂學者於此，當辨其志。人之所喻，由其所習；所習由其所志。志乎義，則所習者必在於義；所習在義，斯喻於義矣。志乎利，則所習者必在於利；所習在利，斯喻於利矣。故學

者之志，不可不辨也。科舉取士久矣。名儒鉅公，皆由此出。今為士者，固不能免此。然場屋之得失，顧其技與有司好惡如何耳。非所以為君子小人之辨也。而今世以此相尚，使汩沒於此，而不能自拔，則終日從事者，雖曰聖賢之書，而要其志之所鄉，則有與聖賢背而馳者矣。推而上之，則又唯官資崇卑，祿廩厚薄是計。豈能悉心力於國事民隱，以無負於任使之者哉？從事其間，更歷之多，講習之熟，安得不有所喻？顧恐不在於義耳。誠能深思是身，不可使之為小人之歸，其於利慾之習，怛焉為之痛心疾首；專志乎義，而日勉焉。博學，審問，慎思，明辨而篤行之。由是而進於場屋，其文，必皆道其平日之學，胸中之蘊，而不詭於聖人。由是而仕，必皆供其職，勤其事；心乎國，心乎民；而不為身計。其得不謂之君子乎？」此文滑口讀過，亦只平平。細思之，真乃一棒一條痕，一摑一掌血。宜乎朱子謂其「切中學者隱微深痼之病」，而能令聽者悚然動心，至於泣下也。夫鈞是人也，或為大人，或為小人，何也？流俗不察，或曰：是地位為之，遭際為之。斯固然也。然人即至貧至賤，必有可以自奮之途。何以並此而不能為？解之者或曰：人固有智愚賢不肖之不同，天限之也。斯固然也。然尚論古人，縱觀並世，或則立德，或則立功，或則立言，其天資高於我者固多，才智僅與我等者，亦自不乏，而何以彼有成而我無成？解者將曰：彼學焉，我未嘗學。彼學，我何以不學？流俗或又將曰：地位為之，遭際為之。然則我之地位，我之遭際，果所成就者，必止於我之今日；而我之所以自靖者，已毫髮無遺憾乎？無論何人，不敢應曰然也。推論至此，則圖窮而匕首見矣。志為之也。天下盡有在同一境地中，彼之所見，此則不見；彼之所聞，此則不聞者。否則同在一學校中，所讀之書同也，所師所友亦相同，因天資之高下，學業成就，有淺深大小可也；而何以或為聖賢，或為豪傑，或為中庸，或且入於下流哉？無他。初則好惡不同，

因好而趨之，因惡而去之。久之，則所趨者以習焉而愈覺其便安，雖明知其非，而不能去；甚或入鮑魚之肆，久而不知其臭。所惡者以不習焉而日益荊棘，雖明知其善，亦無由自奮以趨之；甚或並不知其善矣。此則陸子所謂所喻由其所習，所習由其所志者也。人徒見兩方向相反之線，引而愈遠，而惡知其始之發自一點哉？吾儕今日所志，果何如乎？誠有如陸子所謂先立必為聖賢之志者乎？抑亦如陸子所謂從事聖賢之書，而志之所向，則與聖賢背馳者乎？由前之說，則即陸子所謂才自警策，便與天地相似者，何善如之？由後之說，則豈徒不能上進為聖賢，誠恐如陸子所云：更歷愈多，講習愈熟，所喻愈深，而去聖賢且益遠也。可不懼哉？

　　工夫既唯在一心，則從事於學者，首須將「田地打掃潔淨」。然此事最難。陸子曰：「人心只愛去泊著事。教他棄事時，如猢猻失了樹，更無住處。」又曰：「內無所累，外無所累，自然自在。才有一些子意，便沉重了。」（恆人所好，不越聲色貨利名位之私。終日泊著事，則將如虺雞之終日營營，無超然之意矣。凡事根株盡絕最難。世非無自謂能超然於利慾之外者。然試一自檢勘，果能無一些子意，而免於陸子所謂沉重之患者乎？不可不深自省也。）謂此義也。然此自謂不可牽累於物慾。至於心地澄澈，然後去理會事物，則非徒無害，抑且有益。所謂「大網提掇來，細細理會去」也（所謂先立乎其大者也）。又人之所知，固由其最初意之所向。然所知愈多，所志亦愈大，故知識亦不可以已。陸子曰：「夫子曰：吾十有五，而志於學。今千百年，無一人有志，也是怪他不得。志個甚底？須是有智識，然後有志願。」又曰：「人要有大志。常人汨沒於聲色富貴間，良心善性，都矇蔽了。今人如何便解有志，須先有智識始得。」祇陸王之學者，每謂其盡棄萬事，專主一心，其實殊不然也。（《朱子語錄》：「子靜只是拗。伊川云：唯其深喻，是

以篤好。子靜必要云好後方喻。看來人之於義利，喻而好也多。若全不曉，又安能好。然好之則喻矣。畢竟伊川說占得多。」按喻而後好，好而後諭，自常識言之。兩說皆通，莫能相破。必深論之，則好之與喻，原系一事，不過分為兩語耳。此亦見陽明知行合一之說之確也。）

　　朱、陸異同，始於淳熙三年乙未鵝湖之會，而成於乙巳丙午之間。乙未之歲，朱子年四十六，象山年三十七。東萊以二家講學有異同，欲和會之，約會於信州之鵝湖寺。朱子及復齋、象山皆會。《象山語錄》：「先兄復齋謂某曰：伯恭約元晦為此集，正為學術異同。某兄弟先是不同，何以望鵝湖之同？先兄遂與某議論致辨。又令某自說。至晚罷。先兄云：子靜之說是。次早，某請先兄說。先兄云：某無說。夜來思之，子靜之說極是。方得一詩云：『孩提知愛長知欽，古聖相傳只此心。大抵有基方築室，未聞無址忽成岑。留情傳注方榛塞，著意精微轉陸沉。珍重友朋勤琢切，須知至樂在於今。』某云：詩甚佳。但第二句微有未安。先兄云：說得恁地，又道未安，更要如何？某云：不妨一面起行，某沿途卻和此詩。及至鵝湖。伯恭首問先兄別後新功。先兄舉《詩》。才四句，元晦顧伯恭曰：子壽早已上子靜船了也。舉詩罷，遂致辨於先兄。某云：某途中和得家兄此詩：『墟墓興哀宗廟欽，斯人千古不磨心。涓流積至滄溟水，卷石崇成泰華岑。易簡工夫終久大，支離事業竟浮沉。』舉詩至此，元晦失色。至末二句云：『欲知自下升高處，真偽先須辨自今。』元晦大不懌。於是各休息。翌日，二公商量數十折。議論來莫不悉破其說。繼日，凡致辯，其說隨屈。伯恭甚有虛心相聽之意，竟為元晦所尼。」所謂議論數十折者，悉已不可得聞。唯《象山年譜》，謂「鵝湖之會，論及教人；元晦之意，欲令人泛觀博覽，而後歸之約。二陸之意，欲先發明人之本心，而後使之博覽。朱以陸之教人為太簡，陸以朱之教人為支離」而已。《朱子年譜》曰：「其後子壽

頗悔其非，而子靜終身守其說不變。」按子壽以五年戊戌，訪朱子於鉛山。是歲，朱子與呂伯恭書曰：「近兩得子壽兄弟書，卻自訟前日偏見之說。不知果如何？」庚子，東萊與朱子書曰：「陸子壽前日經過，留此二十餘日。幡然以鵝湖所見為非。甚欲著實看書講論。心平氣下，相識中甚難得也。」是歲，九月，子壽卒。朱子祭之以文。有曰「別未幾時，兄以書來。審前說之定，曰子言之可懷。逮予辭官而未獲，停驂道左之僧齋。兄乃枉車而來教，相與極論而無猜。自是以還，道合志同」云云。此所謂子壽頗悔其非者也。庚子、朱子答呂伯恭書曰：「其徒曹立之者來訪。持得子靜答渠書與劉淳叟書，卻說人須是讀書講論。然則自覺其前說之誤矣。但不肯翻然說破今是昨非之意，依舊遮前掩後，巧為詞說。」又一書云：「子靜似猶有舊來意思。聞其門人說：子壽言其雖已轉步，而未曾移身。然其勢久之亦必自轉。回思鵝湖講論時，是甚氣勢？今何止十去七八邪？」按陸子但欲先發明人之本心，而後使之博覽，非謂不必讀書講論。則朱子謂其自覺前說之誤，實屬臆度之辭。在陸子，初未嘗改。故辛丑朱子《答呂伯恭書》：「謂子靜近日講論，比舊亦不同。但終有未盡合處。」又一書云：「子靜舊日規模終在。」此則所謂子靜終身守其說不變者也。朱子癸卯答項平父書曰：「大抵子思以來，教人之法，唯以尊德性，道問學兩事，為用力之要。今子靜所說，專是尊德性事。而熹平日所論，卻是道問學上多了。所以為彼學者，多持守可觀；而看得義理，全不仔細。又別說一種杜撰道理遮蓋，不肯放下。而熹自覺，雖於義理不敢亂說：卻於緊要為己為人上，多不得力。今當反身用力，去短截長，集思廣益，庶幾不墮一邊耳。」又《答陳膚仲書》：「陸學固有似禪處。然鄙意近覺婺州朋友，專事見聞，而於自己身心，全無功夫。所以每勸學者兼取其善。要得身心稍稍端靜，方於義理知所抉擇。吾道之衰，正坐學者各守己偏，不能兼取眾善，所以終

有不明不行之弊。」丙午《答陸子靜書》：「道理雖極精微，然初不在耳目見聞之外。是非黑白，即在面前。此而不察，乃欲別求玄妙於意慮之表，亦已誤矣。邇來日用功夫，頗覺有力。無復向來支離之病，甚恨未得從容面論。未知異時相見，尚復有異同否耳？」雖仍各持一說，議論頗極持平。循是以往，未必不可折衷和會。然癸卯歲，朱子撰《曹立之墓表》，陸子之徒，謂攻其短，頗為不平。丙午，朱子《答程正思書》又謂：「去年因其徒來此，狂妄凶狠，手足盡露，乃始顯然鳴鼓攻之。」而闢陸學之語又多矣。然及淳熙十五年戊申，無極太極之辯，詞氣雖少忿戾，究仍以辨析學術之意為多。蓋朱陸兩家，學問途轍，雖或不同，其辯論亦止於是。至於入主出奴，叫囂狂悖，甚有非君子之詞者，則其門下士意氣用事者之失；及後世姝姝暖暖者，推波助瀾之為之也。

朱子之學，所以與陸子異者，在陸子以心為至善，而朱子則謂心雜形氣之私，必理乃可謂之至善。故《語錄》謂「陸子靜之學，千般萬般病，只在不知有氣稟之雜，把許多粗惡的氣，都把做心之妙理，合當恁地，自然做將去」也。其所以一認心為至善，一以心為非至善者？則以陸子謂理具於心，朱子謂理在心外。陸子曰：「天理人慾之言，亦不是至論。若天是理，人是欲，則天人不同矣。此其原蓋出於老氏。《樂記》曰：『人生而靜，天之性也。感於物而動，性之慾也。物至知知，然後好惡形焉。不能反躬，天理滅矣。』天理人慾之言，蓋出於此？《樂記》之言，亦根於老氏。」排天理人慾之說，即謂理出於心也。朱子曰：「古人之學，所貴於存心者，蓋將推此以窮天下之理。今之所謂識心者，乃欲恃此而外天下之理。」（《答方賓王書》）則明謂理在心外矣。然二家謂理在心之內外雖異，而其謂理之當順則同。陸子《與朱濟道書》曰：「此理在宇宙間，未嘗有所隱遁。天地之所以為天地者，順此理而無私焉耳。人與天地並立為三極，安得自私而不順此理哉？」其說與朱子初無

以異。此其所以途轍雖殊，究為一種學問中之兩派也。

劉蕺山曰：「世言上等資質人，宜從陸子之學；下等資質人，宜從朱子之學。吾謂不然。唯上等資質，然後可學朱子。以其胸中已有個本領，去做零碎工夫，條分縷析，亦自無礙。若下等資質，必須識得道在吾心，不假外求，有了本領，方去為學。不然，只是向外馳求，誤卻一生矣。」又曰：「大抵諸儒之見，或同或異，多系轉相偏矯，因病立方，盡是權教。至於反身力踐之間，未嘗不同歸一路。」黃梨洲《明儒學案發凡》曰：「學問之道，以各人自用得著者為真。凡倚門傍戶，依樣葫蘆者，非流俗之士，則經生之業也。此編所刊，有一偏之見，有相反之論。學者於其不同處，正宜著眼理會。所謂一本而萬殊也。以水濟水，豈是學問？」此數條，皆足為爭朱陸異同者，痛下針砭。

象山之學，當以慈湖為嫡傳。而其流弊，亦自慈湖而起。象山常說顏子克己之學。其所謂克己者，非如常人，謂克去利害忿欲之私也。乃謂於意念起時，將來克去。意念克去，則還吾心體之本然。此心本廣大無邊，純粹至善。功力至此，則得其一，萬事畢矣。慈湖嘗撰《己易》，謂天地萬物皆一道，道即易，易即吾心。（大旨謂「天者吾性中之象，地者吾性中之形，在天成象，在地成形，皆吾之所為也。坤者，乾之兩者也。其他六卦，乾之錯綜者也。故舉天下非有二物」。）此即象山「宇宙內事，皆己分內事；己分內事，乃宇宙內事」之說也。又謂人當以天地為己，不當以耳目鼻口為己，此則克去己私之本。蓋人與道本一（道與天地萬物為一），所以隔之者乃私意，而私意由形體而起也（即由我而起）。職是故，慈湖之學，以「不起意」為宗。所謂意者？慈湖謂其狀不可勝窮。「窮日之力，窮年之力，縱說橫說，廣說備說，不可得而盡」。要之由己而起者皆是（以形體為己之己）。然則心與意奚辨？曰：「一則為心，二則為意。直則為心，支則為意。通則為心，

阻則為意。」（即以天地萬物為一體為心，物我相對待為意。）人心本與道一，意則蔽之。故須將意克盡，心體乃復見也。人之惡，何一非由意而起？苟能從此克去，則一切惡一掃而空。此誠最根本之義，亦最簡易之法矣。然此語談何容易？吾人自旦至暮，自暮至旦，刻刻不斷，生息於意念之中者，既非一日；加以眾生業力，相燻相染；直是意即我，我即意。一朝覺悟，而欲克去，所費功力，蓋十百千萬於建立事功，研求學問者而未有已也。能見及此，不過覺悟之始。自此以往，功力方將無窮。而慈湖以救當時學者沉溺於訓詁詞章之習，所說多在絕意明心，而不及於斬艾持守。及門弟子，遂以入門義為究竟法。偶有所見，即以為道在是，而不復加省察克治之功。後來王門之弊，亦多如是。此則自謂得心體之本然，而不知其仍息於意念之中也。（《己易》：「昏者不思而遂己，可乎？曰：正恐不能遂己。誠遂己，則不學之良能，不慮之良知，我所自有也；仁義禮知，我所自有也；萬善自備也；百非自絕也；意必固我，無自而生也；雖堯、舜、禹、湯、文、武、周公、孔子，何以異於是？」此中「正恐不能遂己」一句，最須注意。袁齋稱慈湖：「平生踐履，無一瑕玷。處閨門如對大賓，在暗室如臨上帝。年登耄耋，兢兢敬謹，未嘗須臾放逸。」可見其持守之嚴。）此固學者之誤，不能以咎慈湖。然慈湖立教之少偏，似亦不能辭其責矣。袁齋宗旨，與慈湖同。然其教人，謂「心明則本立」，又謂「當精思以得之，兢業以守之」，似較慈湖為周備也。

篇十　浙學

　　理學何學也？談心說性，初不切於實際，而其徒自視甚高。世之言學問者，苟其所言，與理學家小有出入，則理學家必斥為俗學，與之斤斤爭辯。其所爭者，不過毫釐之微。而其徒視之，不翅丘山之重。此果何義哉？果其別有所見歟？抑實無所有，而姑枵然以自大也？

　　隨事應付，常人本自能之。哲學家所以異於常人者，乃在每一問題，必追究到底，而不肯作就事論事之語。此義前已言之。理學亦一種哲學也。故理學之異於尋常學問者，在於徹底。（以一種學問與尋常人較，則尋常人之所言，恆不徹底，而學問家之所言，恆較徹底。以尋常學問與哲學較，則尋常學問之所言，恆不徹底，而哲學家之所言，恆較徹底。故以尋常人與言學問者較，猶以尋常學問與哲學較也。）徹底即追究到底之謂也。理學家就宇宙間事物，追究到底，而得其不易之則焉，即其所謂理也。此理也，自理學家言之：則亙古今而不變，通世界而無二。大之至於書契所不能紀，巧歷所不能窮，而莫之能外。小之至於耳目所不能聽睹，心思所不能想像，而亦不能不由。天下事由之則是，背之則非。一切學問議論，與此合者，看似迂曲，實甚徑捷；看似背繆，實極得當。而不然者，則皆似是而非；由之雖可得近功，而隱禍實已伏於其後者也。是則所謂俗學也已。（理學家曰：言天理而不能用諸人事，是謂虛無，是為異學。言人事而不本之於天理，是為粗淺，是為俗學。）

　　職是故，理學家之行事，不求其有近功，而必求其根柢上無絲毫破綻。所以貴王賤霸者以此。以一身論，亦必反諸己而無絲毫之慊，而後可以即安。否則雖功蓋天下，澤被生民，猶為襲取，猶為僥倖也。（理學家所以不肯輕出身任天下事者，有二義：一則己不正，必不能善事。朱子謂「多隻要求濟事。不知自身不立，事絕不能成。自心若有一毫私意未盡，皆足敗事」是也。二則論至精微處，天下至當不易之理，如幾

何學之只有一點。此一點稍偏即不是，即必有後禍。而有心為善，即已偏而與此點離矣。鄒聚所曰：「今人要做忠臣的，只倚著在忠上，便不中了。為此驚世駭俗之事，便不庸了。自聖人看，還是索隱行怪。」理學家之精神，專注於內，事事求其至當不易，故覺得出身任事之時甚難。）理學家之見解如此，其言，自不能不與尋常人大異。尋常人目為迂曲、為背繆，彼正忻然而笑，以世人為未足與議也。

理學家之議論，自理論言之，固亦無以為難。然天下事理，至無窮也。凡事必從根柢上做起，不容絲毫苟且，固是一理。然必先撐持目前，根柢上事，乃可徐圖，亦是一理。（如謂產當公不當私，豈非正論。然專將目前社會破壞，共產之蘄望，豈遂得達。欲求共產，有時或轉不得不扶翼私產矣。世界大同，豈非美事。然欲躋世界於大同，必先自強其國。若效徐偃、宋襄之為，轉足為世界和平之累也。）以一人言之，必自己所學，十分到家，乃可出而任事。又必事事照吾主張做去，不容有絲毫委曲，乃得免於枉尺直尋之誚，而其事亦無後災。固是一理。然如此，則天下將永無可為之日，而吾身亦永無出而任事之時。以天下為己任者，正不容如此其拘。亦是一理。由前之說，則理學家之所以自處。由後之說，則非理學者之所以難理學家也。宋時所謂浙學者即如此。

浙學分永嘉、永康二派。永嘉一派，道原於薛艮齋，而大成於葉正則。與宋時所謂理學者，根本立異。永康一派，道原於呂東萊，變化於其弟子約及陳同甫。其所爭者，則以理學家所謂天理，範圍太隘，而欲擴而充之也。今略述其說如下：

薛艮齋問學於袁道潔，袁道潔問學於二程，故永嘉之學，亦出伊洛。艮齋好言禮樂兵農，而學始稍變。陳君舉繼之，宗旨亦與艮齋同。然不過講求實務，期見諸施行而已。（君舉頗主《周官》，謂不能以王

安石故，因噎廢食。）於伊洛宗旨，未嘗顯有異同也。至葉水心出，而其說大變。水心之意，以為聖人之言，必務平實。凡幽深玄遠者，皆非聖人之言。理學鉅子，當推周、張、二程，其哲理皆出於《易》。故水心於《易》，力加排斥。謂唯《彖》、《象》系孔子作，《十翼》不足信。而後儒講誦，於此獨多。魏晉而後，既與老莊並行，號為孔老。佛說入中國，亦附會《十翼》，於是儒釋又並稱。使儒與釋老相雜者，皆《十翼》為之。世之好言《十翼》者，皆援儒以入釋老者也。有范巽之者（名育，邠州三水人），受業於橫渠，而其序《正蒙》，謂其以「六經所未載，聖人所不言者，與浮屠老子辯，實為寇盜設郛郭，助之捍禦」。水心深然其說。謂浮屠之道非吾道，學者援《大傳》「天地氤氳」，「通晝夜之道而知」，「不疾而速，不行而至」；子思「誠之不可掩」；孟子「大而化，聖而不可知」；而曰：吾所有之道固若是，實陽儒而陰釋者也。按宋儒之論，究與《易》意合否，誠難斷言。然一種學問，必有其哲學上之根據。儒亦當時顯學，安得無之？如水心言，凡高深玄遠之說，悉出後人附會，則孔子乃一略通世故，止能隨事應付之人乎？必不然矣。

宋時有道統之說。其思想，蓋遠源於孟子，而近接韓退之。孟子曰：「五百年必有王者興，其間必有名世者。」又曰：「由堯舜至於湯，五百有餘歲。若禹、皋陶，則見而知之，若湯，則聞而知之。由湯至於文王，五百有餘歲。若伊尹、萊朱，則見而知之。若文王，則聞而知之。由文王至於孔子，五百有餘歲。若太公望、散宜生，則見而知之。若孔子，則聞而知之。由孔子而來，至於今，百有餘歲。去聖人之世，若此其未遠也！近聖人之居，若此其甚也！然而無有乎爾。則亦無有乎爾。」孟子屢言願學孔子。又曰：「予未得為孔子徒也，予私淑諸人也。」又曰：「由周而來，七百有餘歲矣。以其數，則過矣！以其時考

之，則可矣！夫天，未欲平治天下也；如欲平治天下，當今之世，捨我其誰也。」蓋隱然自附於見知孔子之列，而以名世之任自期。韓氏《原道》曰：「吾所謂道，堯以是傳之舜，舜以是傳之禹，禹以是傳之湯，湯以是傳之文、武、周公，文、武、周公傳之孔子，孔子傳之孟軻。軻之死，不得其傳焉。荀與楊也，擇焉而不精，語焉而不詳。」始以孟子繼孔子。宋人以孟子受業於子思，子思受業於曾子，遂謂曾子獨得孔子之傳。朱子又推濂溪、二程，遙接其緒。其《滄州精舍告先聖文》，所謂：「恭唯道統，萬理一原，遠自羲軒，集厥大成，人屬玄聖。述古垂訓，萬世作程。三千其徒，化若時雨。維顏曾氏，傳得其宗。逮思及輿，益以光大，自時厥後，口耳失真。千有餘年，乃云有繼。周、程授受，萬理一原」者也。後人又以朱子承周、程之緒，而理學家所謂道統者以成。水心既不喜伊、洛，故亦不承其道統之說。別敘道統，自堯、舜、禹、湯、文王、周公以至孔子，而斥宋儒曾子傳孔子之學，以至子思孟軻之說為不足信。其言曰：「四科無曾子，而孔子曰參也魯，則曾子在孔門弟子中，不為最賢。若謂孔子晚歲，獨進曾子；或孔子歿後，曾子德加尊，行加修；則無明據。又孔子謂中庸之德民鮮能，而子思作《中庸》。以為遺言，則顏、閔猶無是告；以為自作，則非傳也。」此等議論，看似考據精詳，實亦憑臆為說。與主張曾子傳孔子之道，以及子思孟子者，同一無據，不足深論。水心之意，亦初不在此。所以必別敘道統，駁斥舊說，不過以達其崇實黜虛之見而已。水心之言曰：「孔子教顏淵『非禮勿視，非禮勿聽，非禮勿言，非禮勿動』，必欲此身嘗行於度數折旋之中。而曾子告孟敬子，乃以為所貴者動容貌，正顏色，出辭氣三事而已。是則度數折旋，皆可忽略而不省；有司徒具其文，而禮因以廢。」又曰：「《周官》言道則兼藝。《易傳》，子思、孟子言道，後世於道，始有異說。益以莊、列西方之學，愈以支離。」其意可概見矣。

　　宋儒於《戴記》，獨尊《大學》、《中庸》，諸子中獨尊《孟子》，以配《論語》，而為《四書》。固由於《大學》言為學之方，最有系統；（《朱子語錄》：「問初學當讀何書？曰：《六經》、《語》、《孟》皆當讀。但須知緩急。《大學》、《語》、《孟》，最是聖賢為人切要處。然《語》、《孟》隨事答問，難見要領。唯《大學》是說古人為學之大凡，體統都具。玩味此書，知得古人所鄉，讀《語》、《孟》便易入。後面功夫雖多，而大體已立矣。」又曰：「今且須熟究《大學》作間架，卻以他書填補之。」又曰：「《大學》是修身治人的規模。如起屋相似，須先打個地盤。」）《中庸》所言之精微；《孟子》於諸子中，獨為純正，亦與其道統之說相關也。水心既不通道統之說，故於《學》、《庸》、《孟子》，咸有詰難。其難《大學》格致之說曰：「《大學》以致知格物，在誠意正心之先。『格』字可有二解：物慾而害道，格而絕之；物備而助道，格而通之是也。程氏以格物為窮理。夫窮盡物理，則天下國家之道，已無遺蘊，安得意未誠，心未正，知未至？以為求窮理，則未正之心，未誠之意，未致之知，安能求之？故程氏之說不可通。然格物究作何解，殊未能定。蓋由為《大學》之書者，自未能明，以致疑誤後學也。」其難《中庸》：謂「《書》唯皇上帝，降衷於下民，即《中庸》天命之為性。若有恆性，即率性之為道。克綏厥猷唯後，即修道之謂教（按所引三語，出《偽湯誥》）。然言降衷可，言天命不可。何者？天命物所同，降衷人所獨也。唯降衷為人所獨，故人能率性而物不能。否則物何以不能率性邪？性而曰恆，是以可率。但云受命，則不知當然之理，各以意之所謂當然者率之，則道離於性矣。民有恆性，而後綏之，無加損也。云修則有損益矣。是教者強民從己也。」其難《孟子》曰：「《洪範》：耳目之官不思，而為聰明，自外入以成其內也。思曰睿，自內出以成其外也。古人未有不內外交相成，而至於聖賢者。

古人之耳目，安得不官而蔽於物？思有是非邪正，心有人危道微，後人安能常官而得之？蓋以心為官，出孔子後；以性為善，自孟子始；然後學者盡廢古人之條目，而專以心為宗主；虛意多，實力少；堯舜以來內外相成之道廢矣。」按此諸說，均屬牽強。格物之釋甚多，是非誠難遽定。然因其說之難定，遂謂古人自不能通，則未免失之武斷。水心謂「功力當自致知始」，則《大學》言致知在格物，不云欲致其知者，先格其物，明格物致知，即系一事，原自致知為始也。古書言性，本皆指人性言之。言物性須別之曰物，言人性不須別之曰人，言語之法，自如此也。《孟子》曰：「耳目之官不思，而蔽於物，物交物，則引之而已矣。心之官則思。思則得之，不思則不得也。此天之所以與我者。先立乎其大者，則其小者不能奪也。」謂當以心之思，正耳目之蔽，非謂任心而遂廢耳目也。謂古人之耳目，安得不官而蔽於物，後人之心，安能常思而得之，試問耳目為物所引，果有此事乎？無此事乎？耳目為物所蔽，不借心之思以正之，將何以正之乎？心不能常思而得，將廢心而專任耳目乎？抑當致力於治心乎？水心曰：「唐虞三代，上之治為皇極，下之教為大學，行之天下為中庸。漢以來無能明之者。今世之學始於心，而三者始明。然唐虞三代，內外無不合，故心不勞而道自存。今之為道者，獨出內心以治外，故常不合。」夫心思耳目，非對立而為二物也。用耳目者，非能不用心思；而心思亦非能離耳目而為用也。（物交物則引之，所引者仍系其心。謂心隨耳目之欲。而不思其邪正也。若竟廢耳目之用，則本無物慾之蔽矣。）今乃曰：自外入以成其內，自內出以治其外，其說果可通乎？

　　水心於太極先後天之說，亦皆加以駁詰。謂孔子《象辭》，無所謂太極。太始太素等茫昧荒遠之說，實唯莊、列有之。又謂《河圖》、《洛書》之說，已為怪誣，況於先後天乎？孔子系《易》，辭不及數。唯

《大傳》稱大衍之數五十，其下文有五行生成之數。五行之物，遍滿天下，觸之即應，求之即得，而謂其生成之數，必有次第，蓋歷家立其所起，以象天地之行，不得不然。《大傳》以《易》之分揲象之，蓋《易》亦有起法也。《大傳》本以《易》象歷，而一行反以為歷本於《易》。夫論《易》及數，非孔氏本意，而謂「歷由《易》起，摑道以從數，執數以害道」云云。此說誠亦有理。然太始太素等名，見於《易緯》（見第二篇）。緯書固多怪迂之論，中亦多存經說。謂其不足信則可，謂非古說則不可。專言數誠非孔氏之意。然古代哲學，與天文曆數，相關極密。謂孔子不專言數則可，必謂言數之說，盡出後人附會，亦非。水心謂「天地陰陽，最忌以密理窺測」。推其意，必專就事論事；高深玄遠之說，一語不及而後可。然哲學固不容如是也。

水心又論「黃叔度為後世顏子」之說云：「孔子所以許顏子者，皆言其學，不專以質。漢人不知學，以質為道。遂使老、莊之說，與孔、顏並行。」按宋儒好言「聖賢氣象」。在彼修養之餘，誠不能謂無所見。然亦有入魔道處。水心此論，頗中其失。

水心既以實角為主，自不免功利之見。故謂：「正誼不謀利，明道不計功，初看極好，細看全疏闊。古人以利與人，而不自居其功，故道義光明。既無功利，則道義乃無用之虛語耳。」殊不知上下交徵利，勢必至於不奪不厭。未有仁而遺其親，未有義而後其君，正古人之以義為利；而正誼不謀利，明道不計功，亦正所以規遠利也。此等說，皆未免失之偏激。

凡主張功利之說者，世人每謂其心術不可問，此實不然。彼不過立說少偏耳，其意，固欲以利人也。若但圖自利，則雞鳴而起，孳孳為之可矣；而何必著書立說，以曉天下乎？故主張功利之說者，其制行，往往高潔過人，方正不苟。以其策書與主張道義之人異，其蘄向則同也。

水心當韓侂胄用兵時，嘗一出任事，以是頗為論者所譏。此實理學家好苛論人，而不察情實之弊。不可不有以正之。按水心當淳熙時，屢以大仇未復為言。開禧欲用兵，除知建康府。顧力言此事未可易言。欲先經營淮、漢，使州有勝兵二萬，然後挑彼先動，因復河南。河南既復，乃於已得之地，更作一重，為進取之計。實為老謀勝算。而侂胄急於建功（急於建功，便是私意），不能用。水心又上子，請修實政，行實德。意主修邊而不急於開邊，整兵而不急於用兵。尤欲節用減賦，以寬民力。時亦以為迂緩，不能用。但欲借其名以草詔。水心力辭。則其不同侂之輕舉，彰彰矣。兵既敗，乃出安集兩淮。力陳救敗之計。旋兼江淮制置，措置屯田。時傳言金兵至。民渡江者億萬，爭舟至覆溺。吏持文書至官，皆手顫不能出語。水心嘆曰：「今竟何如？」乃用門下士滕計，以重賞募勇士，渡江劫其營。十數往返，俘馘踵至。士氣稍奮，人心稍安。金人乃解。水心相度形勢，欲修沿江堡塢，與江中舟師相掎。自此漸北，撫用山水寨豪傑。中朝急於求和。水心以為不必。請先自固，徐為進取之圖。蓋其審慎於啟釁之先，效命於僨軍之際，其忠忱才略，咸有足多者。而忍以一節輕議之哉？況所議者，皆捕風捉影，不察情實之談乎？侂胄既死，其黨許及之、曾孝友等，懼得罪，反劾水心附會用兵，以圖自免。遂奪職奉祠。前此封事具在，竟莫能明其本末。亡國之是非必不明，功罪必倒置，可為浩嘆矣。水心弟子周南（字南仲，吳縣人），北伐時，嘗奉長樞密院機速房之命。辭曰：「吾方以先事造兵，為發狂必死之藥，敢鄉邇乎？」卒不受命。侂之誅，水心弟子與者三人（趙汝談、汝鐺、王大受。汝鐺，一作汝讜，字蹈中，大梁人。大受，字宗可，一字拙齋，饒州人）。亦可見水心之宗旨矣。水心既廢，杜門家居，絕不自辯，嘗嘆「女真復為天祚，他人必出而有之。」又謂「自戰國以來，能教其民而用之，唯一諸葛亮，非驅市人之比。故其國不勞，

其兵不困，雖敗而可戰。」其經綸又可見矣。其與丁少詹（丁希亮，字少詹，黃巖人。水心弟子）書謂「世間只常理。所謂豪傑卓然興起者，不待教詔而自能，不待勉強而自盡耳。至於以機變為經常，以不遜為坦蕩，以窺測隱度為義理，以見人隱伏為新奇，以跌蕩不可羈束為通透，以多所疑忌為先覺，此道德之棄材也。讀書之博，只以長敖；見理之明，只以遂非」云云。則卓然儒者之言，雖程、朱無以逾其淳也。然則世之踔弛自喜，好為大言，而實際並無工夫，隱微之地，且不可問；而顧謬託於功利之論，以嘩世而愚眾者，寧非言功利者之罪人哉？

　　永康之學，原於東萊。然東萊之論，實與永康絕異，不可不察也。東萊與葉正則書曰：「靜多於動，踐履多於發用，涵養多於講說，讀經多於讀史，功夫如此，然後可久可大。」與朱侍講曰：「向來一出，始知時事益難平，為學功夫益無窮，而聖賢之言益可信。」其與陳同甫，則曰：「井渫不食，正指汲汲於濟世者。所以未為井之盛？蓋汲汲欲施，與知命者殊科。孔子請討見卻，但曰以吾從大夫之後，不敢不告；孟子雖有自任氣象，亦云吾何為不豫哉？殆可深鏡也。」則實非急於功名之流。其論政事，亦恆以風俗為重。所撰《禮記說》，訾「秦漢以來，外風俗而論政事」。《論語說》曰：「後世人所見不明，或反以輕捷便利為可喜，淳厚篤實為遲鈍，不知此是君子小人分處。」《與學者及諸弟書》曰：「嘗思時事所以艱難，風俗所以澆薄，推其病原，皆由講學不明之故。若使講學者多；其達也，自上而下，為勢固易；雖不幸皆窮，然善類既多，燻蒸上騰，亦有轉移之理。雖然，此特憂世之論耳。中天下而立，定四海之民，所性不存焉，此又當深長思也。」皆卓然儒者之論。其論自治，謂：「析理當極精微，毫釐不可放過。」又謂：「步趨進退，左右周旋，若件件要理會，必有不到。唯常存此心，則自然不違乎理。」頗能兼朱、陸之長。史稱東萊少時，性極褊。後病中讀《論語》，

至「躬自厚而薄責於人」有省。遂終身無暴怒。《困學紀聞》紀其言，謂「爭校是非，不如斂藏收養」。則其氣象寬博，自有過人者。宜其不與於朱、陸之爭，且能調和二家也。

東萊死後，其弟子約，議論漸變。朱子答劉子澄曰：「伯恭無恙時，愛說史學。身後為後生輩糊塗說出一般惡口小家議論。賤王尊霸，謀利計功，更不可聽。子約立腳不住，亦曰：吾兄，蓋嘗言之云爾？」又一書曰：「婺州自伯恭死後，百怪都出。至如子約，別說出一般差異的話。全然不是孔、孟規模，卻做管、商見識，令人駭嘆。然亦是伯恭自有些拖泥帶水，致得如此，又令人追恨也。」答潘端叔曰：「子約所守，固無可疑。然其論甚怪。教得學者相率舍道義之塗，以趨功利之域。充塞仁義。率獸食人，不是小病。故不免極力陳之。以其所守言之，固有過當。若據其議論，則亦不得不說到此地也。」可見功利之說，皆起於子約時矣。然其主持，實以陳同甫為最力。故朱子《答黃魯直書》謂：「婺州近日一種議論愈可惡。大抵名宗呂氏，而實主同甫。」《語類》又謂「伯恭門人，亦有為同甫之說」者也。

同甫之為人，不如水心之純；其才，亦不如水心之可用。（水心行事具見前。龍川落魄，以疏狂為俠。嘗三下大理獄。其言曰：「研窮義理之精微，辨析古今之同異；原心於秒忽，較理於分寸；以累積為工，以涵養為主，面盎背，則於諸儒誠有愧焉。至於堂堂之陳，正正之旗；風雨雲雷，交發而並至；龍蛇虎豹，變見而出歿；推倒一世之智勇，開拓萬古之心胸；自謂差有一日之長。」乃大言耳。）然其論王霸義利之說，則其攻駁當時之論，實較水心為有理致，不可誣也。龍川之言曰：「自孟荀論義利王霸，漢唐諸儒，未能深明其說。本朝伊洛諸公，辨析天理人慾，而王霸義利之說，於是大明。然謂三代以道治天下，漢唐以智力把持天下，固已使人不能心服。而近世諸儒，遂謂三代專以天

理，漢唐專以人慾行。其間有與天理暗合者，是以亦能久長。亮以為漢唐之君，本領非不洪大開廓。唯其時有轉移，故其間不無滲漏。謂之雜霸者，其道固本於王也。諸儒自處者，曰義曰王。漢唐做得成者，皆曰利曰霸。一頭自如此，一頭自如彼。說得雖甚好，做得亦不惡。如此，卻是義利雙行，王霸並用。如亮之說，卻是直上直下，只有一個頭顱做得成耳。」又曰：「心之用，有不盡而無常泯，三代，做之盡者也，漢唐，做不到盡者也。本末感應，只是一理。使其田地根本，無有是處，安得有小康？」龍川之說，蓋謂義之與利，王之與霸，天理之與人慾，唯份量多少之異，性質則初無不同也。蕺山之言曰：「不要錯看了豪傑。古人一言一動，凡可信之當時，傳之後世者，莫不有一段真至精神在內。不誠則無物，何從生出事業來？」與龍川之言，若合符節。如龍川、蕺山之言，則天下唯有一理，可以成事。如朱子之說，轉似偽者有時亦可成事矣。其意欲使道尊，而不知適以小之也。且如朱子之說，則世之求成事者，將皆自屏於道之外，而道真為無用之物矣。龍川又極論其弊曰：「以為得不傳之絕學者，皆耳目不洪，見聞不遺之辭也。人只是這個人，氣只是這個氣，才只是這個才。譬之金銀銅鐵，煉有多少，則器有精粗。豈其本質之外，挨出一般，以為絕世之美器哉。故浩然之氣，百煉之血氣也。使世人爭騖高遠以求之，東扶西倒，而卒不著實而適用，則諸儒所以引之者過矣。」又曰：「眼盲者摸索得著，謂之暗合。不應二千年之間，有目皆盲也。亮以為後世英雄豪傑，有時閉眼胡做，遂為聖門之罪人。及其開眼運用，無往而非赫日之光明。今指其閉眼胡做時，便以為盲無一分光。指其開眼運用時，只以為偶合。天下之盲者能幾？利慾汨之則閉。心平氣定，雖平平眼光，亦會開得。況夫光如黑漆者，開則其正也，閉則霎時浮翳耳。今因吾眼之偶開，便以為得不傳之絕學。畫界而立，盡絕一世之人於門外。而謂二千年之君子，皆盲眼

不可點洗；二千年之天地日月，皆若有若無；世界皆是利慾，斯道之不絕者，僅如縷耳。此英雄豪傑，所以自絕於門外；以為建功立業，別是法門；這些好說話，且與留著妝景足矣。」按世謂儒術迂疏，正是如此。龍川之言，亦可深長思也。

　　凡講學家，往往設想一盡美盡善之境以為鵠。說非不高，然去實際太遠，遂至成為空話。中國人素崇古，宋儒又富於理想，乃舉其所謂盡美盡善之境，一一傳之古人；而所謂古人者，遂成為理想中物；以此期諸實際，則其功渺不可期；以此責人，人亦無以自處矣。此亦設想太高，持論太嚴之弊也。龍川《與朱子書》曰：「祕書以為三代以前，都無利慾，都無要富貴底人。今詩書載得如此潔淨，只此是正大本子。亮以為才有人心，便有許多不潔淨。」破理想之空幻，而據實際以立論，亦理學家所當引為他山之石也。

　　所謂義利，往往不可得兼。然此自系格於事實，以致如此。若論究竟，則二者之蘄向，固未嘗不一。所謂舍利而取義者，亦以格於事勢，二者不可得兼云然，非有惡於利也。主張之過，或遂以利為本不當取，則又誤矣。龍川之言曰：「不失其馳，舍矢如破，君子不必於得禽也。而非惡於得禽也。範我馳驅，而能發必命中者，君子之射也。豈有持弓矢審固，而甘心於空反者乎？」亦足箴理學家偏激之失也。

　　龍川之論，朱子距之如洪水猛獸，又視其關江西為嚴。然其議論之可取如此，亦可見道理之弘，不容執一成之見以自封矣。然朱子之言，亦有足資警惕者。朱子答呂子約書曰：「孟子一生，忍窮受餓，費盡心力，只破得枉尺直尋四字。今日諸賢，苦心勞力，費盡言語，只成就得『枉尺直尋』四字。」其言足資猛省。蓋謂凡能成事者，皆有合於當然之道，不得謂唯吾理想中之一境有合，而餘皆不合，其言自有至理。然世事錯綜已極，成否實難預料。就行事論，只能平心靜氣，據我所見為最

是者，盡力以行之，而不容有一必其成功之念。苟欲必其成功，則此心
已失其正。成功仍未可必，所行先已不當矣。故論事不宜過嚴，而所以
自律者，則本原之地，不容有毫髮之間。龍川箴朱子立論之過隘，朱子
譏龍川立心之未淳，其言亦各有一理也。

篇十一　宋儒術數之學

　　宋儒術數之學，其原有二：一則周子之《太極圖》，邵子之《先天圖》，與《參同契》為一家言，蓋方士修煉之書也。一則天地生成之數。司馬氏之《潛虛》，及劉氏、蔡氏、《河圖洛書》之說本之。

　　所謂天地生成之數者？其說見於鄭氏之《易注》。《易繫辭傳》曰：「天一，地二。天三，地四。天五，地六。天七，地八。天九，地十。」又曰：「天數五，地數五，五位相得而各有合。天數二十有五，地數三十。凡天地之數，五十有五，此所以成變化而行鬼神也。」一、三、五、七、九為天數，二、四、六、八、十為地數，所謂天數五，地數五也。一、三、五、七、九相加，為二十有五，二、四、六、八、十相加，為三十，所謂天數二十有五，地數三十也。二十五與三十相加，為五十有五，則《易》所言之凡數也。鄭氏注曰：「天一生水於北，地二生火於南，天三生木於東，地四生金於西，天五生土於中。陽無耦，陰無妃，未得相成。於是地六成水於北，與天一併。天七成火於南，與地二並。地八成木於東，與天三並。天九成金於西，與地四並。地十成土於中，與天五並。」此所謂五行生成之數。《漢書·五行志》、《左氏》昭公九年：「裨竈曰：火，水妃也，妃以五成。」《疏》引《陰陽之書》，言五行妃合；十八年，「梓慎曰：水，火之牡也。」《疏》引《陰陽之書》，言五行嫁娶，說皆略同。後人於鄭氏之說，或多駁難，然非此無以釋五位相得而各有合也。《月令》言五方，木、火、金、水皆成數，唯土為生數。《太玄玄圖篇》云：「一與六共宗，二與七為朋，三與八成友，四與九同道，五與五相守。」說亦大同，唯中央不言五與十而已。司馬氏《潛虛》所用，即系此數。

　　溫公《潛虛》，亦從萬物之所由來說起。由此推原人性。而得其當然之道。其說曰：「萬物皆祖於虛，生於氣。氣以成體。體以受性。性以辨名。名以立行。行以俟命。故虛者，物之府也。氣者，生之戶也。體者，質之具也。性者，神之賦也。名者，事之分也。行者，人之務

也。命者，時之遇也。」蓋亦欲通天人之故者也。（謂萬物皆祖於虛，不如張子泯有無為一之當。）

其《氣圖》：以五行分布五方，用其生數為原、熒、本、屮、基，而以其成數為委、焱、末、刃、塚。以此互相配合，其數五十有五，畫成級數，是為《體圖》。《體圖》一等象王，二等象公，三等象嶽，四等象牧，五等象率，六等象侯，七等象卿，八等象大夫，九等象士，十等象庶人。其說曰：「少以制眾，明綱紀也。位愈卑，詘愈多，所以為順也。」又以五行生成之數遞相配，其數亦五十有五，謂之《性圖》（其中以水配水，以火配火者，謂之十純。其餘謂之配）。又以一至十之數互相配，各為之名，亦得五十五。其中以五配五曰齊，居中。餘則規而圓之，始於元而終於餘。是為名圖。齊包千萬物，無位。元、餘者，物之終始，無變。餘各有初、二、三、四、五、六、上七變。凡三百六十四變。變屍一日。授於餘而終之。其說曰：「人之生本於虛。虛然後形。形然後性。性然後動。動然後情。情然後事。事然後德。德然後家。家然後國。國然後政。政然後功。功然後業。業終則反於虛矣。故萬物始於元，著於衰，存於齊，消於散，訖於餘。五者，形之運也。柔、剛、雍、昧、昭，性之分也。容、言、慮、聆、覲，動之官也。絲、得、罹、耽，情之也。前、卻、庸、妥、蠢，事之變也。訒、宜、忱、哲、夏，德之塗也。特、偶、睌、續、考，家之綱也。範、徒、醜、隸、林，國之紀也。禋、準、資、賓、戎，政之務也。乂、績、育、聲，功之具也。興、痛、泯、造、隆，業之著也。」蓋欲以遍象萬事也。元餘齊無變，不占。初、上者，事之終始，亦不占。餘五十二名，各以其二、三、四、五、六為占。五行相乘，得二十五；又以三才乘之，得七十五以為策。虛其五而用七十占之。其占，分吉、臧、平、否、凶五者。

145

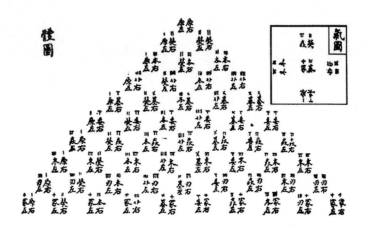

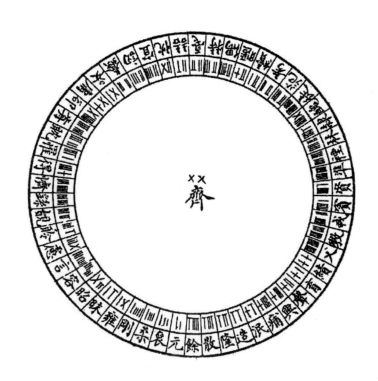

溫公好《太玄》，留心三十年，集諸說而作注。其作《潛虛》，自云：「《玄》以準《易》，《虛》以擬《玄》。」《玄》起冬至，終大雪，蓋象物之始終。《虛》亦然。其系元之辭曰：「元，始也。夜半，日之始也。朔，月之始也。冬至，歲之始也。」繼之以裒，曰：「裒，聚也。氣聚而物，宗族聚而家，聖賢聚而國。」終之以散，繼之以餘，蓋亦象物之始終。其思想，實未能出於《太玄》之外。此等書，殊可不必作也。

溫公《潛虛》，雖不足貴，而其踐履，則有卓然不可誣者。溫公之學，重在不欺。自謂「生平所為，未嘗不可對人言」。弟子劉安世，問：「有一言而可以終身行之者乎？」曰：「其誠乎？」問其目。曰：「自不妄語始。」安世學之，七年而後成。故能屹然山立。論者稱涑水門下。忠定（安世諡）得其剛健篤實，范正獻（祖禹）得其純粹云。傳溫公之數學者，則晁景迂也。

景迂從溫公遊，又從楊賢寶（康節弟子）傳先天之學，姜至之講《洪範》。溫公著《潛虛》，未成而病，命景迂補之。景迂謝不敏。所著書，涉於《易》者甚多。今唯《易玄星紀譜》，尚存《景迂集》中。其書：乃將溫公之《太玄歷》，康節之《太玄準易圖》，據歷象合編為譜。以見《易》與《玄》之皆本於天也。

五行生成之數，鄭氏以之注《繫辭傳》天地之數。其注大衍之數亦用之。其注「河出《圖》，洛出《書》」，則引《春秋緯》云：「河以通乾出天苞，洛以流坤吐地符。河龍《圖》發，洛龜《書》成。《河圖》有九篇，《洛書》有六篇。」初不言九篇六篇所載為何事。《漢書·五行志》載劉歆之言曰：「虙犧氏繼天而王，受《河圖》，則而畫之，八卦是也。禹治洪水，賜《雒書》，法而陳之，《洪範》是也。」（張衡《東京賦》：「《龍圖》授羲，《龜書》畀姒。」）始以《河圖》為八卦，《洛

147

書》為五行。（《偽孔傳》及《論語集解》引孔氏，亦皆以《河圖》為八卦。）然亦僅言八卦五行，出於《圖》、《書》，而《圖》、《書》究作何狀，則莫能質言。（邢昺《論語疏》：「鄭玄以為《河圖》、《洛書》，龜龍銜負而出。如《中候》所說：龍馬銜甲，赤文綠字。甲似龜背，袤廣九尺。上有列宿斗正之度，帝王錄紀興亡之數」，云「列宿斗正之度」，似《圖》。云「帝王錄紀興亡之數」，則亦似《書》矣。又云：「赤文綠字，甲似龜背」，則龍馬所負，亦龜書也。《隋志》：「《河圖》二十卷。《河圖龍文》一卷。其書出於前漢。有《河圖》九篇。《洛書》六篇。自黃帝至周文王所受本文。又別有三十篇，云自初起至於孔子九聖之所增演，以廣其意。」其書既亡，無可究詰。《漢書·五行志》，以「初一日」以下六十五字，皆為《洛書》本文。孔以「初一日」等二十七字，系禹加。劉彪、顧焯，以為龜背有二十八字。劉炫謂止二十字。亦皆以意言之而已。要之《河圖》、《洛書》，本神怪之談，無從證實。必欲鑿求，適成其為痴人說夢而已。）至宋時，始有所謂《易龍圖》者，託諸陳摶（見李淑《邯鄲書目》）。朱子已明言其偽。清胡渭《易圖明辨》，謂其圖見於張仲純《易象圖說》者凡四：其第一圖，即天數二十有五，地數三十。第二圖上為五行生數，下為五行成數。第三圖合二者為一。第四圖則所謂「戴九履一，左三右七，二四為肩，六八為足。五為腹心，縱橫數之皆十五」者也。其數與《大戴記》明堂九室（《大戴記·明堂》篇：「明堂者，古有之也。凡九室。二、九、四；七、五、三；六、一、八。」）及《後漢書·張衡傳》注引《易乾鑿度》同。按《後漢書·劉瑜傳》：瑜上書：「《河圖》授嗣，正在九房。」則以此數為《河圖》。然九宮之數，合於九疇，故又有以此為《洛書》者。

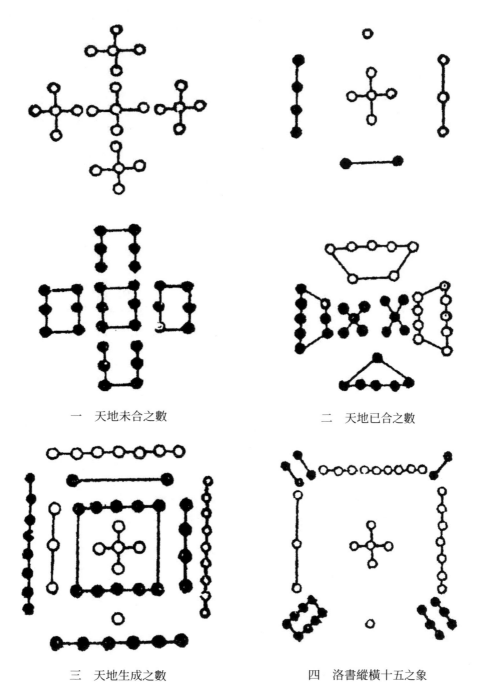

一　天地未合之數　　　　　　　二　天地已合之數

三　天地生成之數　　　　　　　四　洛書縱橫十五之象

　　宋劉牧撰《易數鉤隱圖》，就《龍圖》天地已合之數，虛其中，以上圖為兩儀，下圖為四象，以為《河圖》。其有五數及十數者為《洛書》。蔡元定則以第三圖為《河圖》，第四圖為《洛書》。引關朗《易傳》為證。《易傳》曰：「《河圖》之文，七前六後，八左九右。聖人觀之以畫卦。是故全七之三以為離，奇以為巽。全八之三以為震，奇以為艮。全六之三以為坎，奇以為乾。全九之三以為兌，奇以為坤。正者全其位，隅者盡其量。《洛書》之文，九前一後，三左七右；四前左，二前右，八後左，六後右。後聖稽之為三象：一、四、七為天生之數，二、五、八為地育之數，三、六、九為人資之數。」所謂則圖畫卦者，與劉牧之《四象生八卦》圖合，宋時言《圖》、《書》者，所以由《圖》、《書》附合於《易》也。（劉氏曰：「水居坎而生乾，金居兌而生坤，火居離而生巽，木居震而生艮。」謂水數六，除三畫為坎，餘三畫為乾；金數九，除三畫為兌，餘六畫為坤；火數七，除三畫為離，餘四畫為巽；木數八，除三畫為震，餘五畫為艮也；乾坤艮巽，畫數恰合，巧矣。然坎、離、震、兌皆止三畫，殊不可通。）關朗《易傳》，乃北宋阮逸所造偽書，見陳無己《後山叢談》，實本諸劉牧，而又小變其說者，蔡氏為所欺也。

　　《東都事略·儒學傳》謂：「陳摶讀《易》，以數學授穆修，修以授種放，放授許堅，堅授范諤昌。」朱漢上《經筵表》謂「陳摶以《先天圖》傳種放，放傳穆修，修傳李之才，之才傳邵雍。（明道志康節墓，亦謂其學得之李挺之，挺之得之穆伯長。）放以《河圖》、《洛書》傳李溉，溉傳許堅，堅傳范諤昌，諤昌傳劉牧。修以《太極圖》傳周敦頤，敦頤傳程顥、程頤。」晁公武《郡齋讀書志》：「《易證墜簡》一卷。天禧中，毗陵從事范諤昌撰。自謂其學出於溢浦李處約、廬陵許堅。」處約不知即溉否。然邵子之學，出於《先天圖》；劉牧之學，出於《河圖》、《洛書》；周子之學，出於《太極圖》，則不可誣也。

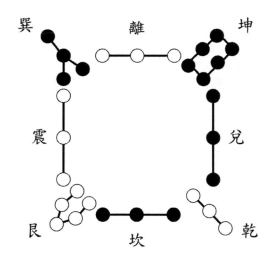

南渡以後，精於數學者，莫如蔡西山父子。西山以十為《河圖》（五行生成數），九為《洛書》（九官）。又謂「《河圖》、《洛書》：虛其中為太極。奇耦各居二十（謂一、三、七、九，與二、四、六、八，相加皆為二十），則亦兩儀。一、六為水，二、七為火，三、八為木，四、九為金，五、十為土，固《洪範》之五行，而五十有五，又九疇之子目也（五行五，五事五，八政八，五紀五，皇極一，三德三，稽疑七，庶徵十，福，極十一）。《洛書》一、二、三、四，而合九、八、七、六；縱橫十五，而互為九、八、七、六，則亦四象也。四方之正，以為乾、坤、離、坎，四隅之偏，以為兌、震、巽、艮（此邵子先天方位），則亦八卦也。《洛書》固可以為《易》，《河圖》固可以為《範》；且又安知《圖》之不為《書》，《書》之不為《圖》邪？」又曰：「太極者，象數未形，而其理已具之稱；形器已具，而其理無朕之目。在《河圖》、《洛書》，皆虛中之象也。周子曰：「無極而太極；邵子曰：道為太極；又曰：心為太極；此之謂也。太極之判，始生一奇一耦，而為一畫者二，是為兩儀。其數則陽一而陰二。在《河圖》、《洛書》，則

奇耦是也。周子所謂太極動而生陽，動極而靜；靜而生陰，靜極復動；一動一靜，互為其根；分陰分陽，兩儀立焉。邵子所謂一分為二者，皆謂此也。兩儀之上，各生一奇一耦，而為二畫者四，是為四象。其位則太陽一，少陰二，少陽三，太陰四。其數則太陽九，少陰八，少陽七，太陰六。以《河圖》言之：則六者，一而得於五者也。七者，二而得於五者也。八者，三而得於五者也。九者，四而得於五者也。以《洛書》言之：則九者，十分一之餘也。八者，十分二之餘也。七者，十分三之餘也。六者，十分四之餘也。周子所謂水、火、木、金；邵子所謂二分為四者，皆謂此也。四象之上，各生一奇一耦，而為三畫者八，於是三才略具，而有八卦之名矣。其位則乾一、兌二、離三、震四、巽五、坎六、艮七、坤八。在《河圖》：則乾、坤、離、坎，分居四實；兌、震、巽、艮，分居四虛。在《洛書》：則乾、坤、離、坎，分居四方；兌、震、巽、艮，分居四隅。《周禮》所謂三易經卦各八；《大傳》所謂八卦成列；邵子所謂四分為八者，皆指此而言也。」（以上皆引《易學啟蒙》。此書實西山所撰也。）蓋將先天、太極，及宋人所謂《河圖》、《洛書》者，通合為一矣。

西山於《洪範》之數，未及論著，皆以授九峰。九峰著《洪範皇極》，以九九之數為推。其言曰：「數始於一，參於三，究於九，成於八十一，備於六千五百六十一。八十一者，數之小成也。六千五百六十一者，數之大成也。天地之變化，人事之始終，古今之因革，莫不於是著焉。」又曰：「一變始之始，二變始之中，三變始之終。四變中之始，五變中之中，六變中之終。七變終之始，八變終之中，九變終之終。數以事立，亦以事終。」蓋欲以數究萬物之變者也。此等說，太覺空漠，無可證驗，即無從評論其是非。然《洪範皇極》，頗多微妙之言。今略引數條於下：

九	八	七	六	五	四	三	二	一
八十一	七十二	六十三	五十四	四十五	四十六	三十七	十八	九
七百二十九	六百四十八	五百六十七	四百八十六	四百有五	三百二十四	二百四十三	百六十二	八十一
六千五百六十一	五千八百三十二	五千一百有三	四千三百七十四	三千六百四十五	二千九百一十六	二千一百八十七	一千四百五十八	七百二十九

九九積數圖

《洪範皇極》曰：「有理斯有氣，氣著而理隱。有氣斯有形，形著而氣隱。人知形之數，而不知氣之數；人知氣之數，而不知理之數。知理之數則幾矣。動靜可求其端，陰陽可求其始。天地可求其初，萬物可求其紀。鬼神知其所幽，禮樂知其所著，生知所來，死知所去。《易》曰『窮神知化』，德之盛也。」形者，已成之局。氣者，形之原因。理又氣之原因。數者，事之必然。知理之數，則形氣自莫能外矣。故以為窮神知化也。

又曰：「欲知道，不可以不知仁。欲知仁，不可以不知義。欲知義，不可以不知禮。欲知禮，不可以不知數。數者，禮之序也。知序則幾矣。」仁義二者，仁為空名，義則所以行仁。禮之於義亦然。數者，禮之所以然也。知數，則所行之禮，皆不差忒；於仁義無遺憾，於道亦無不合矣。此說將仁義禮一以貫之，即所以使道與數合而為一也。

又曰：「數運無形而著有形。智者一之，愚者二焉。數之方生，化育流行。數之已定，物正性命。圓行方止，為物終始。隨之而無其端也，迎之而無其原也。渾之唯一，析之無極。唯其無極，是以唯一。」此言原因結果之間，所以無毫釐差忒者，以其本是一體。唯本是一體，而分析特人所強為，故毫釐不得差忒。以其析之無窮，而仍毫釐不得差忒，可見其本是一體，而分析特人之所為也。

又曰：「數者，動而之乎靜者也。象者，靜而之乎動者也。動者，用之所以行。靜者，體之所以立。用既為體，體復為用。體用相仍，此天地萬物所以化生而無窮也。」此所謂靜者，謂人所能認識之現象。動者，現象之所由成也。用既為體，體復為用，言現象皆有其所以然之原因；而此現象，復為他現象之原因也。

又曰：「順數則知物之所始，逆數則知物之所終。數與物非二體也，始與終非二致也。大而天地，小而毫末；明而禮樂，幽而鬼神；知數即知物也，知始即知終也。」九峰所謂數，即宇宙定律之謂。明乎宇宙定律，則於一切事物，無不通貫矣。故曰「物有其則，數者盡天下之物則；事有其理，數者盡天下之物理」也。

以上所引，皆《洪範皇極》中精語。略舉數條，不能盡也。然亦可見宋代理學家：其學雖或偏於術數，而其意恆在明理；其途徑雖或借資異學，而多特有所見，不為成說所囿。後人訾之辭，實不盡可信也。

篇十二　陽明之學

陽明之學，蓋遠承象山之緒。而其廣大精微，又非象山所及。

一種哲學，必有其特異之宇宙觀及人生觀。此理前已言之。陽明之學，雖不能離乎宋儒，而別為一學，然以佛教譬之，固卓然立乎程朱之外，而自成一宗者矣。其宇宙觀及人生觀，果有以特異於程朱乎？曰：有。

宋學至朱子而集其大成。其異乎朱子者，如陸子，則當陽明時，其說不甚盛行。故朱子之學，在當時，實宋學之代表也。朱子以宇宙之間，有形跡可指目想像者，皆名為氣。而別假設一所以然者，名之曰理。形跡之已然者，不能盡善。然追溯諸未然之時，固不能謂其必當如是。故以理為善，凡惡悉委諸氣。本此以論人。則人人可以為善，而未必人人皆能為善。其可以為善者理，使之不能為善者氣也。於是分性為義理、氣質兩端。義理之性，唯未生時有之。已墮形氣之中，則無不雜以氣質者。人慾為善，必須克去其氣質之偏，使不為天理之累而後可，朱子論理氣及人性之說如此。

陽明之說則不然。陽明以理氣為一。謂：「理者氣之條理，氣者理之運用。無條理固不能運用；無運用，亦無所謂條理矣。」然則所謂理與氣者，陽明由人之觀念，析之為二，在彼則實為一物也。然則理不盡善，氣亦不盡善乎？曰：不然。理者，氣之流行而不失其則者也。春必繼以夏，秋必繼以冬，此即氣之流行之則，即是理，純粹至善者也。其流行之際，不能無偶然之失。則如冬而燠，夏而寒，是為愆陽伏陰。愆陽伏陰，卒歸於太和。可見流行雖有偶差，主宰初未嘗失。主宰之不失，即至善也。（陽明門下，論理氣合一最明白者，當推羅整庵。整庵之說曰：「通天地，亙古今，無非一氣而已。氣本一也，動靜往來，闔闢升降，循環無已。積微而著，由著復微。為四時之溫涼寒暑，為萬物之生長收藏，為斯民之日用彝倫，為人事之成敗得失。千條萬緒，紛

紒，而卒不克亂。莫知其所以然而然。是即所謂理也。」初非別有一物，依於氣而立，附於氣以行。或因易有太極之說，乃疑陰陽之變易，類有一物主宰乎其間，是不然矣。理者氣之條理之說，雖暢發於陽明，實亦道原於宋儒。張子謂：「虛空即氣。」「天地之氣，雖聚散攻取百途，然其為理也，順而不妄」。程子謂：「天地之化，一息不留。疑其速也，然寒暑之變甚漸。」朱子曰：「有個天理，便有個人慾。蓋緣這天理有個安頓處。才安頓得不恰好，便有個人慾出來。」皆陽明之說之先河也。）

　　推此以論人。則氣即心，理即性。心與性之不可歧而為二，猶理與氣之不可歧而為二也。宇宙全體，無之非氣，即無之非理。人稟氣以生，即稟理以生也。人心千頭萬緒，感應紛紜而不昧。其感應，流行也。其不昧，主宰也。感應不能無失，猶氣之流行，不能無愆陽伏陰。其終能覺悟其非，則即其主宰之不昧也。故理善氣亦善，性善心亦善。（上知下愚，所稟者同是一氣。然一知一愚者，上知所稟之氣清，下愚所稟之氣濁也。同一氣也，而有清濁之分，何也？曰：氣不能無執行，執行則有偏勝雜糅之處。有偏勝雜糅，斯有清濁矣。然論其本，則同是一氣。惡在偏勝雜糅，不在氣也。故氣不可謂之惡。故曰性善。宋儒以人之不善，歸咎於氣質。陽明則歸咎於習。所謂習者，非有知識後始有，並非有生後始有，稟氣時即有之。氣之偏勝，即習之所從出也。如仁者易貪，知者易詐，勇者易暴。其仁即聖人之仁，其知即聖人之知，其勇即聖人之勇，以其所稟者，與聖人同是一氣也。其所以流於貪詐暴者，則以其氣有偏勝故。此當學以變化之。唯雖有偏勝，而其本質仍善，故可變化。若其質本惡，則不可變矣。陽明之說如此，實亦自宋儒之說一轉手耳。失在流行，不在本體，故只有過不及，無惡。）

　　氣之流行而不失其則者，理也。心之感應而不昧其常者，性也。理與氣非二，則性與心非二。欲知氣之善，觀其流行而不失其則，則知之

矣。欲求心之善，於其感應之間，常勿失其主宰，即得之矣。此主宰，即陽明之所謂知也。而致良知之說以立。

　　夫謂良知即人心之主宰者，何也？陽明以天地萬物為一體。其言曰：「自其形體而言謂之天。自其主宰而言謂之帝。自其流行而言謂之命。自其賦於人而言謂之性。自其主於身而言謂之心。心之發謂之意。意之體謂之知。其所在謂之物。」蓋宇宙之間，本無二物。我之所稟以生者，即宇宙之一部分；其原質，與天地萬物無不同。（故曰：人與天地萬物一體，非以天地萬物為一體也。陽明之言曰：「人的良知，就是草木瓦石的良知。豈唯草木瓦石，天地無人的良知，亦不可為天地矣。蓋天地萬物，與人原是一體。其發竅之最精處，是人心一點靈明。故五穀禽獸之類，皆可以養人；藥石之類，皆可以療疾。只為同此一氣，故能相通耳。」錢緒山曰：「天地間只有此知。天只此知之虛明；地只此知之凝聚；鬼神祇此知之妙用；日月只此知之流行；人與萬物，只此知之合散；而人只此知之精粹也。此知執行，萬古有定體，故曰太極。無聲臭可即，故曰無極。」歐陽南野曰「道塞乎天地之間，所謂陰陽不測之神也。神凝而成形，神發而為知。知也者，神之所為也。神無方無體。其在人，為視聽，為言動，為喜怒哀樂。其在天地萬物，則發育峻極。故人之喜怒哀樂，與天地萬物，周流貫澈，而無彼此之間」云云。陽明之學，於一元之論，可謂發揮盡致矣。）而此原質，自有其發竅最精之處。此處即我之心。心也，意也，知也，同物而異名。故用力於知，即用力於心。而用力於心，即用力於造成我之物質發竅最精之處也。此致良知之說所由來也。

　　不曰用力於心，而曰用力於知者，何也？曰：心意知同體不離；舍意則無以見心，舍知則無以見意也。故曰：「心無體，以知為體。」然知亦非能離所知而獨存也。故曰：「知無體，以感應是非為體。」「心之

本體至善，然發於意則有善有不善。」此猶主宰雖是，而流行之際，不能無差也。意雖有善有不善，「然知是知非之知，未嘗不知」。則猶流行偶差，而主宰常存也。心之體，既必即意與知而後可見，則欲離意與知而用力於心者，自系邪說詖辭。故曰「欲正心者，本體上無可用功。必就其發動處著力。知其是而為之，知其非而不為，是為致知。知至則意誠，意誠則心正，心正則身修。故曰：《大學》之要，在於誠意。誠意之功，在於格物。誠意之極，厥唯止至善」也。陽明之學之綱領如此。

　　所謂格物者，非謂物在外而以吾心格之也。意之所在謂之物。故曰：「意在下事親。事親便是一物。意在於事君，事君便是一物。意在於仁民愛物，仁民愛物，便是一物。意在於視聽言動，視聽言動，便是一物。」意之所在謂之物何也？曰：「一念未萌，則萬境俱寂。念之所在，境則隨生。如念不注於目前，則泰山覿面而不睹；念苟注於世外，則蓬壺遙隔而成象」矣（塘南之言）。蓋知者能知，物者所知。所之不能離能，猶能之不能離所也。故曰：「無心外之理，無心外之物。」故理一者，在我之主宰。分殊者，主宰之流行。故曰：「物之無窮，只是此心之生生」而已。故無所謂物之善不善，只有此心之正不正也。（塘南曰：「事之體，強名曰心。心之用，強名曰事。其實只是一件，無內外彼此之分也。故未有有心而無事，有事而無心者。故充塞宇宙，皆心也，皆事也，皆物也。」又曰：「心常生者也。自其生生而言，即謂之事。心無一刻不生，即無一刻無事。事本心，故視聽言動，子臣弟友，辭受取予，皆心也。灑掃應對，便是形而上者。學者終日乾乾，只默識此心之生理而已。時時默識，內不落空，外不逐物，一了百了，無有零碎本領之分也。」又曰：「盈天地間皆物也，何以格之？唯以意之所在為物，則格物之功，非逐物，亦非離物也。至博而至約矣。」尤西川《格訓通解》曰：「陽明格物，其說有二，曰：知者意之體，物者意之用。

如意在於事親，即事親為一物。只要去其心之不正，以全其本體之正。故曰：格者正也。又曰：致知在格物者，致吾心之良知於事事物物。致吾心之良知於事事物物，則事事物物，皆得其理矣。致吾心之良知者，致知也。事事物物，皆得其理者，物格也。前說似專舉一念，後說則並舉事物，若相戾者。然性無內外，而心外無物，二說只一說也。」西川，名時熙，字季美，洛陽人。）

　　流行主宰，即是一事。主宰即見於流行之中。非離乎流行，而別有其寂然不動之一時也。故心之動靜，亦非二時。欲正心者，必動靜皆有事焉。陽明曰：「太極生生之理，妙用無息，而常體不易。太極之生生，即陰陽之生生。就其生生之中，指其妙用無息者，而謂之動，謂之陽之生，非謂動而後生陽也。指其常體不易者，而謂之靜，謂之陰之生，非謂靜而後生陰也。若靜而後生陰，動而後生陽，則是陰靜陽動，截然各自為一物矣。」此就宇宙言也。推諸吾心亦如此。故曰：「心無動靜者也。其靜也者，以言其體也。其動也者，以言其用也。故君子之學，無間於動靜。其靜也，常覺而未嘗無也，故常應。其動也，常定而未嘗有也，故常寂。常應常寂，動靜皆有事焉，是之謂集義。所謂動亦定，靜亦定者也。心一而已。靜其體也，而復求靜根焉，是撓其體也。動其用也，而懼其易動焉，是廢其用也。故求靜之心即動也，惡動之心非靜也。是之謂動亦動，靜亦動。故循理之謂靜，從欲之謂動。」陽明正心之說，皆自其宇宙觀來。故曰：必有新宇宙觀，而後有新人生觀。人生觀與宇宙觀，實不容分析為二也。（陽明曰：「告子只在不動心上著功。孟子便真從此心原不動處分曉。心之本體，原是不動的。只為所行有不合義，便動了。孟子不論心之動不動，只是集義。所行無不是義，此心自然無可動處。」《傳習錄》：「無善無惡者理之靜，有善有惡者氣之動。不動於氣，即無善無惡，是為至善。」曰：佛氏亦無善無惡，何以

異？曰：佛氏著在無上，便一切不管。聖人無善無惡，只是無有作好，無有作惡。不作好惡，非是全無好惡。只是好惡一循於理，不去著一分意思，即是不曾好惡一般。曰：然則好惡全不在物？曰：只在汝心。循理便是善，動氣便是惡。世儒唯不知此，舍心逐物，將格物之學錯看了。」）

陽明之學，雖極博大精微，然溯其原，則自「心即理」一語來而已。故曰：陽明之學，遠承象山之緒也。然其廣大精微，則實非象山所及，此亦創始者難為功，繼起者易為力也。

人心不能無妄動。然真妄原非二心，故苟知其妄，則妄念立除，而真心此即立現。故曰：「照心非動者，以其發於本體明覺之自然，而未嘗有所動也。妄心亦照者，以其本體明覺之自然者，未嘗不存於其中，但有所動耳。無所動即照矣。」夫妄心之所以能覺者，以良知無時而不在也。故曰：「七情順其自然之流行，皆是良知之用。但不可有所著。七情有著，俱謂之慾。」（有著即所謂動也。）陽明又曰：「理無動者也，動即為欲。」然「才有著時，良知亦自會覺。覺即蔽去，復其本體矣。此處能看得破，方是簡易透測工夫」。又曰：「雖妄念之發，而良知未嘗不在。但人不知存，則有時而或放耳。雖昏塞之極，而良知未嘗不明。但人不知察，則有時而或蔽耳。」又曰：「良知無過不及，知過不及的是良知。」夫如是，則為善去惡之功，實唯良知是恃。故曰：「一點良知，是爾自家的準則。是便知是，非便知非，更瞞他一些不得。爾只不要欺他；實實落落，依他做去；善便存，惡便去。何等穩當？此便是致知的實功。」

人心雖動於妄，而良知未嘗不知，故致知之功，實大可恃。良知雖無時不存，而不能不為物慾所蔽，故致知之功，必不容緩。以良知為足恃，而遂忘致之之功，則所謂良知，亦終為物慾所蔽耳。故曰：「良知

之發，更無私意障礙，即所謂充其惻隱之心，而仁不可勝用。常人不能無私意，所以須用致知格物之功。」又曰：「知得善，卻不依這個良知便做去。知得不善，卻不依這個良知，便不去做。這個良知，便遮蔽了。」又曰：「天理即是良知。良知愈思愈精明。若不精思，漫然隨事應去，良知便粗了。」然「學以去其昏蔽，於良知之本體，初不能有加於毫末」。此義亦不可不知。

　　知是知非之良知，不能致即將昏蔽，於何驗之？曰：觀於人之知而不行，即知之矣。蓋良知之本體，原是即知即行。苟知之而不能行，則其知已非真知，即可知其為物慾所蔽矣。「徐愛問：今人僅有知父當孝，兄當悌，卻不能孝，不能悌，知行分明是兩件。曰：此已被人慾間斷，不是知行本體。未有知而不行者。知而不行，只是未知。聖賢教人知行，正是要復那本體。故《大學》指個真知行與人看：說如好好色，如惡惡臭。見好色屬知，好好色屬行。只見好色時，已自好了；不是見後又立個心去好。聞惡臭屬知，惡惡臭屬行。只聞惡臭時，已自惡了；不是聞後別立個心去惡。」（龍溪曰：「孟子說孩提之童，無不知愛其親；及其長也，無不知敬其兄。止曰知而已；知便能了，更不消說能愛能敬。」）知是行的主意，行是知的工夫。知是行之始，行是知之成。若會得時，只說一個知，已自有行在。只說一個行，已自有知在。（故曰：「知之真切篤實處便是行，行之明覺精察處便是知。」龍溪曰：「知非見解之謂，行非履蹈之謂，只從一念上取證。」）古人何以既說知，又說行者？只為世間有一種人，懵懵懂懂，任意去做；全不解思維省察；只是個冥行妄作；所以必說個知，方才行得是。又有一種人，茫茫蕩蕩，懸空去思索；全不肯著實躬行；只是個揣摩影響；所以必說一個行，方才知得真。此是古人不得已補偏救弊的話。「此已被私慾間斷，不是知行本體」一語最精。好好色，惡惡臭之喻尤妙。「見好色時，已是好了，

不是見後又立個心去好；聞惡臭時，已自惡了，不是聞後別立個心去惡。」人之所知，一切如此，豈有知而不行之理？見好色而強抑其好之之心，聞惡臭而故絕其惡之之念，非有他念不能然。此即所謂間斷也。良知之有待於致，即欲去此等間斷之念而已矣。

　　真知未有不行者；知而不行，只是未知；故欲求真知，亦必須致力於行。此即所謂致也。故曰：「人若真切用功，則於此心天理之精微，日見一日；私慾之細微，亦日見一日。若不用克己功夫，天理私慾，終不自見。如走路一般。走得一段，方認得一段。走到歧路，有疑便問；問了又走，方才能到。今於已知之天理不肯存，已知之人慾不肯去；只管愁不能盡知；聞講何益？」

　　知行既系一事，則不知自無以善其行。陽明曰：「今人學問，只因知行分作兩件，故有一念發動，雖是不善，卻未曾行，便不去禁止。我今說個知行合一，正要人曉得一念發動處，便即是行；就將這不善的念克倒；不使那一念不善，潛伏在胸中。」人之為如何人，見於著而實積於微。知者行之微，行者知之著者耳。若於念慮之微，不加禁止，則惡念日積，雖欲矯強於臨時，必不可得矣。《大學》曰：「小人閒居為不善。見君子，而後厭然。揜其不善，而著其善。人之視己，如見其肺肝然，則何益矣？此謂誠於中，形於外，故君子必慎其獨也。」正是此理。凡事欲倉卒取辦，未有能成者。非其事之不可成，乃其敗壞之者已久也。然則凡能成事者，皆非取辦於臨時，乃其豫之者已久也。欲求豫，則必謹之於細微；欲謹之於細微，則行之微（即知），有不容不措意者矣。故非知無以善其行也。故曰：知行是一也。

　　知行合一之理，固確不可易。然常人習於二之之既久，驟聞是說，不能無疑。陽明則一一釋之。其說皆極精當。今錄其要者如下：

　　「徐愛問：至善只求諸心，恐於天下事理，有不能盡。曰：心即理也。此心無私慾之蔽，即是天理。不須外面添一分。以此純乎天理之

心，發之事父便是孝；發之事君便是忠；發之交友治民，便是信與仁。愛曰：如事父一事，其間溫定省之類，有許多節目，亦須講求否？曰：如何不講求？只是有個頭腦，只就此心去人慾存天理上講求。此心若無人慾，純是天理，是個誠於孝親之心：冬時自然思量父母寒，自去求溫的道理；夏時自然思量父母熱，自去求的道理。譬之樹木，這誠孝的心便是根；許多條件，便是枝葉。須先有根，然後有枝葉。不是先尋了枝葉，然後去種根。」陽明此說，即陸子所謂先立乎其大者也。「溫定省之類，有許多節目」最為恆人所致疑。得此說而存之，而其疑可以豁然矣。（陽明曰：「聖人無所不知，只是知個天理。無所不能，只是能個天理。天下事物，如名物度數，草木鳥獸之類，不勝其煩。雖是本體明瞭，亦何緣能盡知。但不必知的，聖人自不消求知。其所當知者，聖人自能問人。知得一個天理，便自有許多節文度數出來。」此說與朱子「生而知之者義理，禮樂名物，必待學而後知」之說，似亦無以異。然朱子謂人心之知，必待理無不窮而後盡。陽明則雖名物度數之類，有所不知，而仍不害其為聖人。此其所以為異也。）

　　枝葉條件，不但不必豫行講求也，亦有無從豫行講求者。陽明曰：「良知之於節目事變，猶規矩尺度之於方圓長短也。節目事變之不可豫定，猶方圓長短之不可勝窮也。舜之不告而取，豈舜之前，已有不告而取者，為之準則邪？抑亦求諸一念之良知，權輕重之宜，不得已而為此邪？武之不葬而興師，豈武之前，已有不葬而興師者，為之準則邪？抑亦求諸一念之良知，權輕重之宜，不得已而為此邪？後之人不務致其良知，以精察義理於此心感應酬酢之間，顧欲懸空討論此等變常之事，執之以為制事之本，其亦遠矣。」懸空討論變常之事愈詳，則致其良知之功愈荒。致其良知之功愈荒，則感應酬酢之間，愈不能精察義理。以此而求措施之悉當，是卻行而求及前人也。故曰：「在物為理，處物為義，

在性為善，因所指而異其名，其實皆吾之心也。吾心之處事物，純乎天理，而無人慾之雜，謂之善。非在事物上有定則可求也。」（又曰：「良知自然的條理，便謂之義。順這個條理，便謂之禮。知這個條理，便謂之智。終始這個條理，便謂之信。」）

學所以求是也。以良知為準則，以其知是知非也。今有二人於此，各準其良知，以斷一事之是非，不能同也。而況於多人乎？抑且不必異人，即吾一人之身，昨非今是之事，亦不少也。良知之知是知非，果足恃乎？陽明曰：「凡處得有善有未善，及有困頓失次之患，皆是牽於毀譽得喪，不能實致其良知耳。實致其良知，然後知平日所謂善者，未必是善。」或謂心所安處是良知。陽明曰：「固然。但要省察，恐有非所安而安者。」又謂「人或意見不同，還是良知有纖翳潛伏。」此說與伊川「公則一，私則萬殊。人心不同如面，只是私心」之說，若合符節。蓋良知雖能知是知非，然恆人之良知，為私慾矇蔽已久，非大加省察，固未易灼見是非之真也。

然則現在之良知，遂不足為準則乎？是又不然。恆人之良知，固未能造於其極，然亦皆足為隨時之用。如行路然。登峰造極之境，固必登峰造極而後知。然隨時所見，固亦足以定隨時之程途也。故曰：「我輩致知，只是各隨份量所及。今日良知見在如此，便隨今日所知，擴充到底。明日良知又有開悟，便隨明日所知，擴充到底。」故曰：「昨以為是，今以為非；已以為是，因人而覺其非，皆良知自然如此。」有言童子不能格物，只教以灑掃應對。曰：「灑掃應對就是物。童子良知，只到這裡，教去灑掃應對，曰：「灑掃應對就是物。童子良知，只到這裡，教去灑掃應對，便是致他這一點良知。我這裡格物，自童子以至聖人，皆是此等工夫。」真可謂簡易直截矣。

致知既以心為主，則必使此心無纖毫障翳而後可。隨時知是知非，隨時為善去惡，皆是零碎工夫，如何合得上本體？此則賢知者之所疑

也。陽明亦有以釋之。《傳習錄》：「問：先生格致之說，隨時格物以致其知，則知是一節之知，非全體之知也，何以到得溥博如天，淵泉如淵地位？曰：心之本體，無所不該，原是一個天。只為私慾障蔽，則天之本體失了。心之理無窮盡，原是一個淵。只為私慾窒塞，則淵之本體失了。如唸唸致良知，將此障蔽窒塞，一齊去盡，則本體已復，便是天淵了。因指天以示之曰：如面前所見，是昭昭之天。四外所見，亦只是昭昭之天。只為許多牆壁遮蔽，不見天之全體。若撤去牆壁，總是一個天矣。於此便見一節之知，即全體之知；全體之知，只一節之知；總是一個本體。」蓋零碎工夫，皆系用在本體上。零碎工夫，多用得一分，即本體之障蔽，多去得一分。及其去之淨盡，即達到如天如淵地位矣。此致良知之工夫，所以可在事上磨練也。

以上皆陽明所以釋致良知之疑者。統觀其說，精微簡捷，可謂兼而有之矣。梨洲曰：「先生閔宋儒之後，學者以知識為知。謂人心之所有者，不過明覺，而理為天地萬物之所公共；必窮盡天地萬物之理，然後吾心之明覺，與之渾合而無間。說是無內外，其實全靠外來聞見，以填補其靈明。先生以聖人之學，心學也；心即理也。故於格物致知之訓，不得不言致吾心之良知於事事物物，則事事物物，皆得其理。以知識為知，則輕浮而不實，故必以力行為工夫。良知感應神速，無有等待；本心之明即知，不欺本心之明即行也，不得不言知行合一。」龍溪曰：「文公分致知格物為先知，誠意正心為後行，故有遊騎無歸之慮；必須敬以成始，涵養本原，始於身心有所關涉。若知物生於意，格物正是誠意工夫，誠即是敬，一了百了，不待合之於敬，而後為全經也。」蕺山曰：「朱子謂必於天下事物之理，件件格過，以幾一旦豁然貫通。故一面有存心，一面有致知之說。非存心無以致知，而存心又不可以不致知，兩事遞相君臣，迄無把柄，既已失之支離矣。至於存心之中，分為兩條：曰

靜而存養，動而省察。致知之中，又復分為兩途：日生而知之者義理，禮樂名物，必待學而後有以驗其是非之實。安往而不支離也？」此朱學與王學之異也。

　　良知之說，以一念之靈明為主。凡人種種皆可掩飾，唯此一念之靈明，決難自欺。故陽明之學，進德極其勇猛，勘察極其深切。陽明嘗謂「志立而學半」。又謂：「良知上留得些子別念卦帶，便非必為聖人之志。」又曰：「凡一毫私慾之萌，只責此志不立，則私慾即退聽。一毫客氣之動，只責此志不立，則客氣便消除。責志之功，其於去人慾，有如烈火之燎毛，太陽一出，而罔兩潛消也。」此等勇猛精進之說，前此儒者，亦非無之。然無致良知之說，以會其歸，則其勘察，終不如陽明之真湊單微，鞭闢入裡；而其克治，亦終不如陽明之單刀直入，陵厲無前也。陽明之自道曰：「賴天之靈，偶有悟於良知之學，然後悔其向之所為者，固包藏禍機，作偽於外，而心勞日拙者也。十餘年來，雖痛自洗剔創艾，而病根深痼，萌蘖時生。所幸良知在我，操得其要，譬猶舟之得舵，雖驚風巨浪，顛沛不已，猶得免於傾覆者也。」（《寄鄒謙之書》）包藏禍機，誰則能免？苟非以良知為舵，亦何以自支於驚風巨浪之中乎？良知誠立身之大柄哉？

　　「心即理」一語，實為王學驪珠。唯其謂心即理，故節文度數，皆出於心；不待外求，心體明即知無不盡。亦唯其謂心即理，故是非善惡，皆驗諸心；隱微之地有虧，雖有驚天動地之功，猶不免於不仁之歸也。陽明曰：「世人分心與理為二，便有許多病痛，如攘夷狄，尊周室，都是一個私心，便不當理。人卻說他做得當理，只心有未純。往往慕悅其所為，要來外面做得好看，卻與心全不相干。分心與理為二，其流至於霸道之偽而不自知。故我說個心即理。要使知心理是一個，便來心上做工夫，不去襲取於義，便是王道之真。」陽明此說，即董子「正其義不

167

謀其利，明其道不計其功」之真詮。持功利之說者，往往謂無功無利，要道義何用？又安得謂之道義？殊不知功利當合多方面觀之，亦當歷長時間而後定。持功利之說者之所謂功利，皆一時之功利，適足詒將來以禍患。自持道義之說者觀之，將來之禍患，皆其所自招；若早以道義為念，則此等禍害，皆消弭於無形矣。佛所以喻世俗之善，為「如以少水，而沃冰山，暫得融解，還增其厚」也。功利之說，與良知之說，最不相容，故陽明闢之甚力。陽明之言曰：「聖人之學，日遠日晦；功利之習，愈趨愈下。其間雖嘗瞀惑於佛老，卒未有以勝其功利之心。又嘗折衷於群儒，亦未有以破其功利之見。」可謂深中世人隱微深痼之病矣。今之世界，孰不知其罪惡之深？亦孰不知其禍害之烈？試問此罪惡禍害，何自來邪？從天降邪？從地出邪？非也。果不離因，仍不得不謂為人所自為。人何以造此罪惡？成此禍害？則皆計一時之功，而不計久遠之功；圖小己之利，而不顧大我之利為之也。此即所謂功利之見也。唯舉世滔滔，皆騖於功利之徒，故隨功利而來之禍害，日積月累而不可振救。陽明之言，可謂深得世病之癥結矣。

「學不至於聖人，終是自棄」，為學者誠皆當有此志。然人之才力，天實限之。謂人人可以為聖人，驗諸事實，終是欺人之語。此所以雖有困知勉行，及其成功一也之說，仍不能使人自奮也。陽明謂聖人之所以為聖，在其性質而不在其份量。此說出，而後聖人真可學而至。實前古未發之論也。陽明之言曰：「聖人之所以為聖，只是其心純乎天理，而無人慾之雜，猶精金之所以為金，但以其成色足而無銅鉛之雜也。聖人之才力，亦有大小不同，猶金之分兩有輕重。所以為精金者，在足色而不在分兩。故凡人而肯為學，使此心純乎天理，則亦可以為聖人。後世不知作聖之本，卻專在知識才能上求聖人。以為聖人無所不知，無所不能，我須是將聖人許多知識才能，逐一理會始得。不務去天理上著工

夫。徒弊精竭力，從冊子上鑽研，名物上考索，形跡上比擬。知識愈廣，而人慾愈滋；才力愈多，而天理愈蔽。正如見人有萬鎰精金，不務鍛鍊成色，無愧彼之精純；而乃妄希分兩，務同彼之萬鎰。錫鉛銅鐵，雜然而投。份量愈增，成色愈下。及其梢末，無復有金矣。」又曰：「後儒只在分兩上較量，所以流入功利。若除去了比較分兩的心，各自盡著自己力量精神，只在此心純乎天理上用功。即人人自有，個個圓成。便能大以成大，小以成小。不假外慕，無不具足。此便是實實落落，明善誠身的事了。」陽明此說，亦從心即理上來。蓋唯其謂心即理。故全乎其心，即更無欠缺。非如謂理在心外者，心僅有其靈明，必格盡天下之物，乃於理無不盡，而克當聖之目也。（陽明又曰：「良知人人皆有，聖人只是保全，無些子障蔽。兢兢業業，齊齊翼翼，自然不息，便也是學。只是生的分數多，所以謂之生知安行。眾人自孩提之童，莫不完具此知。只是障蔽多。然本體之知，自難泯息。雖問學克治，也只憑他。只是學的分數多，所以謂之學知，利行。」）

　　陽明與程朱之異，乃時會為之，不必存入主出奴之見也。蓋自周子發明「以主靜立人極」，而人生之趨向始定。程子繼之，發明「涵養須用敬，進學在致知」，而求靜之方始明。夫所謂靜者，即今所謂合理而已。人如何而能合理？第一，當求理無不明。第二，當求既明理，則不至與之相違。由前之說，所謂進學在致知；由後之說，則所謂涵養須用敬也。求合理之初步，自只說得到如此。逮其行之既久，然後知事物當然之理，雖若在於外物，實則具於吾心。理有不明，實由心之受蔽。欲求明理，亦當於心上用功。正不必將進學涵養，分為兩事也。此非程朱之說，行之者眾，體驗益深，不能見到。故使陽明而生程朱之時，未必不持程朱之說，使程朱而生陽明之世，亦未必不持陽明之說。為學如行修途，後人之所行，固皆繼前人而進也。此理非陽明所不知。顧乃自撰

《朱子晚年定論》，以詒人口實。則以是時朱子之學方盛行，說與朱子相違，不易為人所信，故藉此以警覺世人。且陽明理學家，非考據家，歲月先後，考核未精，固亦不足為陽明病也。（《朱子晚年定論》者，陽明龍場悟後之作。輯朱子文三十四篇，皆與己說相合者。謂朱子晚年之論如此；《四書集註》、《或問》等，其中年未定之論也。當時羅整庵即詒書辯之。謂所取朱子《與何叔京書》四通，何實卒於淳熙乙未，後二年丁酉，而《論孟集註》始成。後陳建撰《學通辨》，取朱子之說，一一考核其歲月，而陽明之誤益見矣。然陽明答整庵書，亦已自承歲月先後，考之未精。謂意在委曲調停，不得已而為此也。羅整庵，名欽順，字允升，泰和人。陳建，字廷肇，號清瀾，東莞人。）

篇十三　王門諸子

　　黃梨洲曰：「陽明之學：始泛濫於詞章。繼而遍讀考亭之書，循序格物。顧物理吾心，終判為二，無所得入。於是出入於佛老者久之。及至居夷處困，動心忍性。因念聖人處此，更有何道。忽悟格物致知之旨，聖人之道，吾性自足，不假外求。其學凡三變而始得其門。自此以後，盡去枝葉，一意本原。以默坐澄心為學的。有未發之中，始能有發而中節之和。視聽言動，大率以收斂為主，發散是不得已。江右以後，專提『致良知』三字。默不假坐，心不待澄。不習不慮，出之自有天則。蓋良知即是未發之中，此知之前，更無未發。良知即是中節之和，此知之後，更無已發。此知自能收斂，不須更主於收斂。此知自能發散，不須更期於發散。收斂者，感之體，靜而動也。發散者，寂之用，動而靜也。知之真切篤實處即是行，行之明覺精察處即是知，無有二也。居越以後，所操益熟，所得益化。時時知是知非，時時無是無非。開口便得本心，更無假借湊泊。如赤日當空，而永珍畢照。是學成之後，又有此三變也。」陽明江右以後境界，乃佛家所謂中道，非學者所可驟幾。其自言教人之法則曰：「吾昔居滁時，見諸生多務知解，無益於得，姑教之靜坐。一時窺見光景，頗收近效。久之，漸有喜靜厭動，流入枯槁之病。故邇來只說致良知。良知明白，隨你去靜處體悟也好，隨你去事上磨煉也好。良知本體，原是無動無靜的。」良知本體，既無動無靜，即不當更有動靜之分。動靜之分且無，更何有於偏主？然後來學者，似皆不能無所偏。則以中道非夫人所能，各因其性之所近，而其用力之方有不同，其所得遂有不同也。

　　陽明之學，首傳於浙中。浙中王門，以緒山、龍溪為眉目。而二子之學，即有異同。具見於《傳習錄》及龍溪之《天泉證道記》。此事為王門一重公案。為陽明之學者，議論頗多。今略述其事如下：

　　嘉靖六年，九月，陽明起徵思田。將行，緒山與龍溪論學。緒山舉

陽明教言曰：「無善無噁心之體。有善有惡意之動。知善知惡是良知。為善去惡是格物。」龍溪曰：「此恐未是究竟話頭。若說心體是無善無惡，意亦是無善無惡，知亦是無善無惡，物亦是無善無惡矣。若說意有善惡，畢竟心體還有個善惡在。」緒山曰：「心體是天命之性，原無善惡。但人有習心，意念上見有善惡在。格致誠正修，此是復性體工夫。若原無善惡，工夫亦不消說矣。」是夕，坐天泉橋，請正於陽明。陽明謂：「二君之見，正好相資，不可各執一邊。我這裡接人，原有二種：利根之人，直從本源上悟入。人心本體，原是明瑩無滯，原是個未發之中。利根之人，一悟本體，即是工夫。人己內外，一齊俱透。其次不免有習心在，本體受蔽。故且教在意念上實落為善去惡。工夫熟後，渣滓去盡，本體亦明淨了。汝中之見，是我接利根人的。德洪之見，是我為其次立法的。相取為用，則中人上下，皆可引入於道。若執一邊，眼前便有失人，便於道有未盡。」既而曰：「利根之人，世亦難遇。人有習心，不教他在良知上實用為善去惡工夫，只去懸空想個本體，一切事為，俱不著實，不是小小病痛，不可不早說破。」

　　以上略據《傳習錄》。龍溪所記，無甚異同。而鄒東廓記其事，則云：「緒山曰：至善無惡者心。有善有惡者意。知善知惡是良知。為善去惡是格物。龍溪云：心無善而無惡。意無善而無惡。知無善而無惡。物無善而無惡。」至善無惡，與無善無惡，頗相逕庭。劉蕺山謂：「陽明、天泉之言，與平時不同。平時常言至善是心之本體。又言至善只是盡乎天理之極，而無一毫人慾之私。又言良知即天理。有時說無善無惡者理之靜，亦未嘗徑說無善無惡是心體。」黃梨洲謂：「考之《傳習錄》，因薛中離（薛侃，字尚謙，號中離，廣東揭陽人）去花間草，陽明言無善無惡者理之靜，有善有惡者氣之動。蓋言靜為無善無惡，不言理為無善無惡，理即是善也。獨《天泉證道記》，有無善無惡者心之體，有善

有惡者意之動之語。夫心之體即理也。心體無間於動靜。若心體無善無惡，則理是無善無惡，陽明不當但指共靜時言之矣。釋氏言無善無惡，正言無理也。善惡之名，從理而立，既已有理，安得言無善無惡？」「心體果是無善無惡，則有善有惡之意，從何處來？知善知惡之知，又從何處來？為善去惡之功，從何處起？無乃語語斷流絕港乎？」因謂四句教法，陽明集中不經見，疑其出於龍溪。又謂緒山所舉四語，首句當依東廓作至善無惡。亦緒山之言，非陽明立以為教法。何善山（何廷仁，字性之，號善山，江西雩縣人）云：「無善無惡者，指心之感應無跡，過而不留，天然至善之體也，有善有惡者，心之感應謂之意；物而不化，著於有矣。故曰意之動。若以心為無，以意為有，是分心意為二，非合內外之道也。」按此所爭，皆失緒山之意。緒山釋無善無惡者心之體曰：「至善之體，惡固非其所有，善亦不得而有也。至善之體，虛靈也。虛靈之體，不可先有乎善，猶明之不可先有乎色，聰之不可先有乎聲也。目無一色，故能盡萬物之色。耳無一聲，故能盡萬物之聲。心無一善，故能盡天下萬事之善。今之論至善者，乃索之於事事物物之中，先求其所謂定理者，以為應事宰物之則，是虛靈之內，先有乎善也。虛靈之內，先有乎善，是耳未聽而先有乎聲，目未視而先有乎色也。塞其聰明之用，而窒其虛靈之體，非至善之謂矣。今人乍見孺子入井，皆有怵惕惻隱之心。聖人不能加，而塗人未嘗滅也。但塗人擬議於乍見之後，涉入納交要譽之私耳。然則塗人之學聖人，果憂怵惕惻隱之不足邪？抑去其蔽，以還其乍見之初心也？虛靈之蔽，不但邪思惡念，雖至美之念，先橫於中，積而不化，已落將迎意必之私，而非時止時行之用矣。故先師曰：無善無惡者心之體。是對後世格物窮理之學，先有乎善者言之也。」然則緒山所謂無善無惡，即其所謂至善者也。（龍溪、東廓所記，辭異意同。緒山又曰：「善惡之機，縱其生滅相尋於無窮，是藏其根而惡其

萌櫱之生，濁其源而辨其末流之清也。是以知善知惡為知之極，而不知良知之體，本無善惡也。知有為有去之為功，而不知究極本體，施功於無為，乃真功也。正念無念。正念之念，本體常寂。」或問：「胸中擾擾，必猛加澄定，方得漸清。」曰：「此是見上轉。有事時，此知著在事上。事過，此知又著在虛上。動靜二見，不得成片。若透得此心澈底無慾，雖終日應酬百務，本體上何曾加得一毫？事了即休，一過無跡，本體上何曾滅得一毫？」可與前所引之言參看。周海門謂：「發明心性處，善不與惡對。如中心安仁之仁，不與忍對。主靜立極之靜，不與動對。《大學》善上加一『至』字，實絕名言，無對待之辭。天地貞觀，不可以貞觀為天地之善。日月貞明，不可以貞明為日月之善。星辰有常度，不可以有常度為星辰之善。嶽不可以峙為善。川不可以流為善。有不孝而後有孝子之名，有不忠而後有忠臣之名。孝子無孝；若有孝，便非孝矣。忠臣無忠；若有忠，便非忠矣。」亦與緒山之說相發明。海門，名汝登，字繼元，嵊縣人。）蕺山、梨洲所疑，可以釋矣。至善山所疑，亦在字句之間。彼所謂「感應無跡，過而不留」者，即陽明所謂「理之靜」，亦即其所謂「盡乎天理之極，而無一毫人慾之私」。其所謂「物而不化著於有」者，即其所謂「氣之動」，亦即其所謂「人慾」。二者自然皆出於心。特龍溪、東廓所記，皆辭取對偶，徑以心與意為相對之詞，未嘗詳言之曰：「無善無噁心之體，有善有惡，乃心之動而離乎體者，亦謂之意」；又未嘗於意字之下，加一注語曰：「即心之動而失其體者」，遂致有此誤會耳。（梨洲曰：「如善山之言，則心體非無善無惡，而有善有惡者，意之病也。心既至善，意本澄然無動。意之靈即是知。意之明即是物。」按此亦立名之異。梨洲名澄然無動者為意，動而不善者為意之病。緒山則名澄然無動者為心，其動而不善者，則但名之為意耳。）

羅念庵曰：「緒山之學數變：其始也，有見於為善去惡者，以為致良知也。已而曰：良知者，無善無惡者也。吾安得執以為有而為之？而又去之？己又曰：吾惡夫言之者溢也。無善無惡者，見也，非良知也。吾唯即吾所知以為善者而行之，以為惡者而去之，此吾所能為者也。其不出於此者，非吾所得為也。又曰：向吾之言，猶二也，非一也。夫子嘗有言矣，曰：至善者心之本體，動而後有不善也。吾不能必其無不善，吾無動焉而已。彼所謂意者動也，非是之謂動也。吾所謂動，動於動焉者也。吾唯無動，則在吾者常一矣。」所謂「動於動」者，即陽明所謂「氣之動」之至微者也。故知緒山之言，與陽明實不相背也。

至龍溪所謂「心體是無善無惡，則意亦是無善無惡，知亦是無善無惡，物亦是無善無惡；若說意有善惡，畢竟心體還有個善惡在」者？《證道記》自申其說曰：「顯微體用，只是一機；心意知物，只是一事。天命之性，粹然至善，神感神應，其機自不容已。惡固本無，善亦不可得而有也。若有善有惡，則意動於物，非自然之流行，著於有矣。自然流行者，動而無動；著於有者，動而動也。」此原即緒山「虛靈之體，不可先有乎善」；善山「至善之體，感應無跡，過而不留；物而不化則為動」；陽明「理之靜，氣之動」之說。其所爭者，乃謂當在心體上用功，不當在意念上用功。故曰：「意是心之所發。若是有善有惡之意，則知與物一齊皆有，心亦不可謂之無矣。」龍溪之意，蓋謂意念之生，皆由心體流行之不得其當。吾人用功，當真徹根源，正其流行之體。不當沿流逐末，以致勞而少功也。職是故，其教人，乃以正心為先天之學，誠意為後天之學。其言曰：「吾人一切世情嗜慾，皆從意生。心本至善，動於意始有不善。能在先天心體上立根，則意所動自無不善；世情嗜慾，自無所容。致知工夫，自然易簡省力。若在後天動意上立根，不免有世情嗜慾之雜。致知工夫，轉覺煩難。」其言誠極超妙。然其所謂先

天心體者，實使人無從捉摸。所謂致知工夫，遂使人無從下手。此則陽明所以有利根人難遇，苟非其人，懸空想像一個本體，一切事為，俱不著實，病痛非小之戒也。龍溪曰：「良知即是獨知。」又曰：「獨知便是本體，慎獨便是工夫。」其說獨知曰：「非念動後知。乃先天靈竅，不因念生，不隨念遷，不與萬物作對。」其說慎獨之工則曰：「慎非強制之謂。兢業保護此靈竅，還他本來清淨」而已。又曰：「渾然一體，無分於已發未發，亦無先後內外。才認定些子，便有認定之病。隨物流轉，固是失卻主宰。即曰：我於此收斂握固，便有樞可執，以為致知之實，未免猶落內外二見。才有執著，終成管帶。即此管帶，便是放失之因。」其言之超妙如此，誠令學者體悟不及，功力難施，故梨洲謂其「一著工夫，未免有礙虛無之體，則不得不近於禪。流行即是主宰，懸崖撒手，茫無把握，以心息相依為權法，則不得不近於老。」蓋幾於靜處體悟，事上磨煉，兩無依據矣。唐荊川（名順之，字應德，武進人）最服膺龍溪。自言於龍溪只少一拜，然其言曰：「近來談學，謂認得本體，一超直入，不假階級。竊恐雖中人以上，有所不能。竟成一番議論，一番意見而已。」又曰：「近來學者病痛，本不刻苦搜剔，洗空慾障。以玄妙之語，文夾帶之心。直如空花，竟成自誤。」過高之流弊，亦可見矣。

　　錢緒山曰：「昔者吾師之立教也，揭誠意為大學之要旨，致知格物為誠意之功。門弟子聞言，皆得入門用力之地。用力勤者，究極此知之體；使天則流行，纖翳無作；千感萬應，而真體常寂，此誠意之極也。故誠意之功，自初學用之，即得入手；自聖人用之，精詣無盡。吾師既歿，吾黨病學者善惡之機，生滅不已，乃於本體提揭過重。聞者遂謂誠意不足以盡道，必先有悟而意自不生；格物非所以言功，必先歸寂而物自化。遂相與虛億以求悟，而不切乎民彝物則之常；執體以求寂，而無有乎圓神活潑之機。師云：誠意之極，止至善而已矣。是止至善者，未

嘗離誠意而得也。言止則不必言寂，而寂在其中；言至善則不必言悟，而悟在其中；然皆必本於誠意焉。何也？蓋心無體，心之上，不可以言功也。應感起物，而好惡形焉，於是乎有精察克治之功。誠意之功極，則體自寂而應自順。初學以至成德，徹始徹終，無二功也。」按此所謂「誠意不足以盡道，必先有悟而意自不生」者，即龍溪之說也。緒山謂「心之上不可以言功」，必於應感起物之時，致其精察克治，即為善去惡是格物之說。二家宗旨之不同如此。至所評歸寂之說，則出於聶雙江。

陽明之致良知，原兼靜處體悟，事上磨煉兩義。其後浙中之學，偏於事上磨煉，遂有義襲助長之病。其主於凝聚者，則江右諸家也。江右王門、東廓、雙江、念庵、兩峰，皆有特見。今略述其說。

東廓主戒懼。其言曰：「敬也者，良知之精明而不雜以私慾者也。性體流行，合宜處謂之善；障蔽而壅塞處，謂之不善。忘戒懼，則障蔽而壅塞。無往非戒懼之流行，即無往非性體之流行矣。戒懼，禹之治水也。堤而遏之，與不絕不排，其失維鈞。」東廓嘗曰：「諸君試驗心體，是放縱的？不放縱的？若是放縱的，添個戒懼，卻是加了一物。若是不放縱的，則戒懼是復還本體。」此即所謂「一念不發，兢業中存」，蓋以此保其循理之靜也。

雙江主歸寂。雙江常為陝西按察副使，為輔臣夏言所惡，罷歸，逮繫。閒久靜極，忽見此心真體，光明瑩澈，萬物皆備。出獄後，遂與來學者立靜坐法。使之歸寂以通感，執體以應用。謂獨知是良知萌芽處，與良知似隔一塵。此處著力，雖與半路修行不同，要亦是半路話頭。致虛守寂，方是不睹不聞之學，歸根覆命之要。故夫子於《感卦》，特地提出「虛寂」二字，以立感應之本。其言曰：「心無定體之說，謂心不在內也；百體皆心也，萬感皆心也。亦嘗以是求之，譬之追風逐電，瞬息萬變，茫然無所措手，徒以亂吾之衷也。」又曰：「無時不寂，無時

不感者，心之體也。感唯其時，而主之以寂者，學問之功也。故謂寂感有二時者非也。謂功夫無分於寂感，而不知歸寂以主夫感者，又豈得為是哉？不識不知，順帝之則，唯養之豫者能之。臨事而擇，不勝憧憧，中亦襲也，況未必中乎？」（雙江謂：「感物之際，加格物之功，是迷其體以索用。」）雙江之學，同門多相駁難。唯念庵深相契。兩峰晚乃是之。梨洲謂：「陽明之學，本以靜坐澄心為的。慎獨便是致中，中立而和生焉。先生之學，實《傳習錄》中之正法眼藏也。」（雙江之學，主於致中而和應。其餘諸家，則大抵謂已發未發，非有二候，致和即所以致中。其說曰：「以流動為感，則寂感異象，微波即蕩，感皆為寂累，固不待牿之反覆，而後失其虛明之體。若以鑒物為感，則終日鑒，固無傷於止也。若患體之不正，故鑒之不明，亦當即鑒時言之，不當離鑒以求止。何則？其本體常鑒，不可得而離也。若欲涵養本原停當，而後待其發而中節，此延平以來相沿之學，非孔門宗旨矣。」雙江則謂「未發寂然之體，未嘗離家國天下而別有其物，即感而寂然者在焉耳。格致之功，通於寂感體用」。）

念庵之學，主於收攝保聚。是時陽明門下之談學者，皆曰：知善知惡，即是良知，依此行之，即是致知。其弊也，取足於知，而不原其所以良；且易致字為依字。失養其端，而任其所發。遂至以見存之知，為事物之則；以外交之物，為知覺之體；而不知物我之倒置矣。念庵謂善惡交雜，豈即為主於中者乎？中無所主，而謂知本常明，不可也。知有未明，依此行之，而謂無乖戾於既發之後，能順應於事物之來，不可也。故知善知惡之知，隨出隨泯，特一時之發見焉耳。一時之發見，未可盡指為本體；則自然之明覺，固當反求其根原。故必有收攝保聚之功，以為充達長養之地；而後定靜安慮，由此以出。故致知者，致其靜無動有焉者也。非經枯槁寂寞之後，一切退聽，天理炯然，未易及此。

其言曰：「不睹不聞，即吾心之常知處。自其常知不可以形求者，_{謂之}不睹；不可以言顯者，謂之不聞；非杳冥之狀也。諸念皆泯，_{炯然中}存，亦即吾之一事。此處不令他意攙雜，即是必有事焉。」又曰：「良知該動靜，合內外，其統體也。吾之主靜，所以致之，蓋言學也。蓋動而後有不善，有欲而後有動，動於欲而後有學。學者，學其未動焉者也。學其未動，而動斯善矣，動無動矣。」「故自良知言之，_{無分於已發未}發也。自知之所以能良者言之，則固有未發者以主之於中。夫至動莫如心，聖人猶且危之。苟無所主，隨感而發，譬之馭馬，銜勒去手，求斯須馳驟之中度，豈可得哉？」念庵之說如此。實足救一時之流弊也。

然念庵後來，又有進於此者。其告龍溪曰：「一二年來，與前又別。當時之為收攝保聚，偏矣。蓋識吾心之本然者，猶未盡也。以為寂在感先，不免於指感有時。以為感由寂發，不免於指寂有處。其流之弊，必至重於為我，疏於應物。蓋久而後疑之。夫心一而已。自其不出位而言。謂之寂，非守內之謂也。自其常通微言之，謂之感，非逐外之謂也。寂非守內，故未可言處（以其能感故也）。感非逐外，故未可言時（以其本寂故也）。絕感之寂，非真寂矣。離寂之感，非真感矣。此乃同出而異名。吾心之本然：酬酢萬變，而於寂者未嘗有礙。非不礙也，吾有所主故也。苟無所主，則亦馳逐而不反矣。聲臭俱泯，而於感者未嘗有息。非不息也，吾無所倚故也。苟有所倚，則亦膠固而不通矣。此所謂收攝保聚之功，君子知幾之學也。學者自信，於此灼然不移，即謂之守寂可也，謂之妙感亦可也；謂之主靜可也，謂之慎動亦可也。使於真寂端倪，果能察識，隨動隨靜，無有出入；不與世界事物相對待；不倚自己知見作主宰；不著道理名目生證解；不藉言語發揮添精神；則收攝保聚之功，自有準則矣。」案此論誠有契於心體之妙，宜龍溪之聞其說而無閒然也。

兩峰之學，以涵養本原為主。梨洲曰：「雙江主於歸寂，同門辨說，動盈捲軸。先生言：發與未發，本無二致。戒懼慎獨，本無二事。若云：未發不足以兼已發；致中之外，別有一段致和之功，是不知順其自然之體，而加損焉，以學而能，以慮而知者也。又言事上用功，雖愈於事上講求道理，均之無益於得也。涵養本原，愈精愈一，愈一愈精，始是心事合一。又言吾心之體，本止本寂。參之以意念，飾之以道理，侑之以聞見，遂以感通為心之體。而不知吾心雖千酬萬應，紛紜變化之無已，而其體本常止常寂。彼以靜病之者，似涉靜景，非為物不貳，生物不測之體之靜也。凡此所言，與雙江相視莫逆，故人謂雙江得先生而不孤雲。」

　　塘南、思默，皆王門再傳弟子。然其所言，實有視前輩為進者。陽明歿後，致良知一語，學者不深究其旨，多以情識承當。雙江、念庵，舉未發以救其弊，終不免頭上安頭。塘南謂：「生生之機，無有停息，不從念慮起滅。今人將發字看粗，以澄然無念為未發。澄然無念，是謂一念，乃念之至微者，非無念也。生生之機。無一息之停，正所謂發。譬之澄潭之水，乃流之至平至細者，非不流也。未發水之性。離水而求性曰支。即水以為性曰混。以水與性為二物曰岐。唯時時冥念，研精入神，乃為道之所存。」又曰：「意非念慮起滅之謂，乃生幾之動而未形者。知者，意之體。物者，意之用。但舉一意字，則寂感體用悉具。有性則常發而為意，有意則漸著而為念。意不可以動靜言，動靜者念也。意本生生。造化之幾不充，則不能生。故學貴從收斂入。收斂即慎獨，此凝道之樞要也。欲悟未有天地之先，言語道斷，心行處滅，乃為不學不慮之體，此正邪說淫辭。以念頭轉動為生幾，則落第二義矣。」其分別生生之機與意念，實絕精之論也。（塘南曰：「性之一字，本不容言，無可致力。知覺意念，總是性之呈露，皆命也。性者，先天之理。知屬

發竅，是先天之子，後天之母也。此知在體用之間。若知前求體則著空，知後求用則逐物。知前更無未發，知後更無已發；合下一齊俱了，更無二功，故曰：獨。獨者，無對也。無對則一，故曰不貳。意者，知之默運，非與之對立而為二也。是故性不假修，只可云悟。命則性之呈露，不無習氣隱伏其中，此則有可修矣。修命者，盡性之功。」又曰：「性廓然無際。生幾者，性之呈露處也。性無可致力，善學者唯研幾。研幾者，非於念頭萌動，辨別邪正之謂也。此幾生而無生，至微至密，非有非無。唯綿綿若存，退藏於密，庶其近之矣。」）

思默亦主研幾。其說曰：「所知因感而有，用之發也。能知不因感有，常知而常無知，體之微也。此體是古今天地人物之靈根，於穆中一點必不能自己之命脈。聖門學者，唯顏子在能知上用功，其餘多在所知上用力。」又曰：「誠無為，幾則有善惡。何者？凡動便涉於為，為便易逐於有。逐於有，則雖善亦粗，多流於惡。故學問全要研幾。研者，研磨之謂。研磨其逐有而粗者，務到極深極微處，常還他動而未形，有無之間的本色，則無動非神矣。」其說亦極入微也。

傳姚江之學者，當以泰州為最雄偉。而其流弊亦最甚。泰州之學，始自心齋。其行本怪，其學又純是蒲輪轍環意見。（王艮，字汝止，號心齋，泰州安豐場人。七歲，受書鄉塾。貧不能竟學。從父商於山東。常袖《孝經》、《論語》、《大學)》，逢人質難。久而信口談解，如或啟之。雖不得專功於學，然默默參究，以經證悟，以悟釋經，歷有年所，人莫能窺其際也。一夕，夢天墮壓身，萬人奔號求救。先生舉臂起之。視其日月星辰失次，復手整之。覺而汗溢如雨，心體洞徹。自此行住語默，皆在覺中。乃按禮經，裂五常冠，深衣，大帶，笏板服之。曰：「言堯之言，行堯之行，而不服堯之服，可乎？」時陽明巡撫江西，講良知之學。大江之南，學者翕然信從。顧先生僻處，未之聞也。

有黃文剛者，吉安人也，而寓泰州。聞先生論詫曰：此絕類王巡撫之談學也。先生喜曰：有是哉？王公論良知，艮談格物。如其同也，是天以王公與天下後世也。如其異也，是天以艮與王公也。即日啟行，以古服進見。至中門，舉笏而立。陽明出迎於門外，始入。先生據上坐辯難。久之，稍心折，移其坐於側。論畢，乃嘆曰：「簡易直截，艮不及也。」下拜，稱弟子。退繹所聞，間有不合。悔曰：「吾輕矣。」明日，入見，告之。陽明曰：「善哉，子之不輕信從也。」先生復上坐辯難。久之，始大服。遂為弟子如初。陽明謂門人曰：「曩者吾擒宸濠，一無所動，今卻為斯人動矣。」陽明歸越，先生從之。來學者多從先生指授。已而嘆曰：「千載絕學，天啟吾師，可使天下有不及聞者乎？」因問陽明以孔子轍環車制。陽明笑而不答。歸，自創蒲輪，招搖道路。將至都。有老叟，夢黃龍無首，行雨至崇文門，變為人立。晨起往候，而先生適至。時陽明之學，謗議蜂起，而先生冠服言動，不與人同，都人以怪魁目之。同門在京者勸之歸。陽明亦移書責之。先生始還會稽。陽明以先生意氣太高，行事太怪，痛裁抑之。及門，三日不得見。陽明送客出門，先生長跪道旁，曰：「艮知過矣。」陽明不顧而入。先生隨之，至庭下，厲聲曰：「仲尼不為已甚。」陽明乃揖之起。陽明卒於師，先生迎哭，至桐廬，經紀其家而後返。開門授徒，遠近皆至。同門會講者，必請先生主席。陽明而下，辯才推龍溪，然有信有不信。唯先生於眉睫之間，省覺人最多。先生以九二見龍為正位。孔子修身講學，以見於世，未嘗一日隱也。有以伊、傅稱先生者。先生曰：「伊、傅之事我不能，伊、傅之學我不由。伊、傅得君，可謂奇遇。如其不遇，終身獨善而已。孔子則不然也。」黃梨洲曰：「此終是蒲輪轍環意見。於遯世不見知而不悔之學，終隔一塵也。」）故其後多豪傑之士，而其決裂亦最甚焉。心齋格物之說：以身與天下國家為物。身為本，天下國家為末。行有不得，

皆反求諸己，是為格物工夫。故齊治平在於安身。知安身者必愛身敬身。愛身敬身者，必不敢不愛人，不敬人。愛人者人恆愛之，敬人者人恆敬之，而身安矣。一家愛我、敬我則家齊。一國愛我、敬我則國治。天下愛我、敬我則天下平。亦仍是蒲輪轍環意見也。心齋弟子，著者為王一庵（名棟，字隆吉，泰州人）、徐波石（名樾，字子直，貴溪人）。一庵謂誠意即慎獨，其說頗精。（其說曰：「身之主宰謂之心，心之主宰謂之意。心者，虛靈善應，而其中自有寂然不動者，為之主宰，是之為意。人心所以應萬變而不失者，只緣有此靈體，不慮而知，為之主宰耳。聖狂之分，即在此主宰之誠不誠，故誠意工夫，即是慎獨。獨者，意之別名。慎者，誠之用力者耳。以此靈體，不慮而知，自作主張，自裁生化，故謂之獨。少間，攙以見聞才識之能，情感利害之便，則不可謂之獨矣。若謂意為心之發動，而欲審機於動念之初，則情念一動，便屬流行，於此用功，恐倉卒之際，物化神馳，雖有敏者，莫措其手。非聖門誠意之功，先天易簡之學矣。」）波石之學，則以不犯手為妙。謂人心自然明覺。起居食息，無非天者。又從而知覺之，是二知覺也。所謂「見成良知」也。波石之學，傳諸顏山農（名鈞，吉安人）及趙大洲（名貞吉，字孟靜，內江人）。山農好俠，學主率性而行。大洲亦謂禪不害人。山農之學，傳諸何心隱（本姓梁，名汝元，字夫山，後自改姓名。吉州永豐人）及羅近溪（名汝芳，字維德，江西南城人）。心隱亦豪傑之士。嘗授計乩者，以去嚴嵩。近溪之學，以赤子良心，不學不慮為的；以天地萬物同體，徹形骸，忘物我為大。謂「此理生生不息。不須把持，不須接續，當下渾淪順適。工夫難得湊泊，即以不屑湊泊為工夫。胸次茫無畔岸，便以不依畔岸為胸次。解纜放船，順風張棹，無之非是。學人不省，妄以澄然湛然為心之本體，沉滯胸鬲，留戀景光，是為鬼窟活計。」實禪語之精者也。近溪之傳，為焦澹園（名，字弱侯，

南京旗手衛人）及周海門（見前）。澹園嘗駁明道闢佛之說。海門教人，亦以直下承當為貴。嘗問門人劉塙曰：「信得當下否？」曰：「信得。」「然則汝是聖人否？」曰：「也是聖人。」曰：「又多一也字。」洪舒民問：「認得心時，聖人與我一般。今人終身講學，到底只做得鄉人，何也？」曰：「只是信不及耳。汝且道，今日滿堂問答詠歌，一種平心實意，與杏壇時有二乎？」曰：「無二也。」曰：「如此何有鄉人之疑？」曰：「只為他時便不能如此。」曰：「違則便覺，依舊不違。」曰：「常常提起方可。」曰：「違則提起，不違提個什麼？」皆禪機也。海門之學，傳諸陶石簣（名望齡，字周望，會稽人），亦泛濫方外，與澄然、澄密、云悟諸僧交。大洲之學，傳諸鄧太湖（名豁渠，初名鶴，內江人）。太湖嘗為僧。其學只主見性，不主戒律。身之與性，截然分為兩事。又有方湛一者（名與時，黃陂人）曾入太和山，習攝心術。又得黃白朮於方外。尚玄虛，侈談說。龍溪念庵，皆目為奇士。耿楚倥（名定理，字子庸，黃安人）初出其門。後知其偽，去之。事鄧豁渠、何心隱，皆有得。不煩言說，當機指點，機鋒迅利。其兄天臺（名定向，字在倫）則排斥狂禪，力主實地。然其弟子管東溟（名志道，字登之，婁江人）著書數十萬言，仍多鳩合儒釋。蓋其末流之勢，業已不可遏止也。

　　王學流傳，梨洲《明儒學案》，分為七派（浙中，江右，南中，楚中，北方，粵閩，泰州），其嶄然見頭角者，實唯浙中、江右、泰州。江右最純謹。浙中之龍溪，泰州之心齋，天分皆極高。然其後流弊皆甚。論者謂陽明之學，得龍溪、心齋而風行天下，亦以龍溪、心齋故，決裂不可收拾焉。蓋浙中之弊：純在應跡上安排湊泊，則失之淺俗。玩弄本體，以為別有一物，可以把持，則墮入魔障。而純任流行，尤易致解纜放船，絕無收束。更益以泰州之猖狂機變，遂無所不至矣。清張武

承（名烈，大興人）撰《王學質疑》，攻王學流弊曰：「高者脫略職業，歇睡名庵。卑者日沉迷於酒色名利。案有《楞嚴》、《南華》者為名士。挾妓呼廬，裸而夜飲者為高致。抗官犯上，群噪而不遜者為氣節。矯詐嗜殺，僥倖苟利者為真經濟。謹綱常，重廉隅者為宋頭巾。舉天下庠序之士，如沸如狂；入則垢於家，出則嘩於朝；闖、獻之形，日積於學士大夫之心術，而天下不可為。」流弊如此，宜其為一世所疾惡也。然如張氏所述之情形，何代無之？則亦不必盡歸咎於王學耳。

篇十四　有明諸儒

　　明代理學，當以陽明為中心。前乎陽明者，如白沙，則陽明之先河。與陽明並時者，如甘泉，則與陽明相出入。後乎陽明者，如戢山，如見羅，則與陽明小異其趣者也。故陽明之學，是非然否且弗論，其為明代理學之中心，則好之者，惡之者，皆不能有異辭也。

　　白沙之學，主靜中養出端倪。其初求之簡冊，累年無所得。一朝以靜坐得之。然後見此心之體，廣大高明，不離日用。一真萬事，本自圓成。不假人力，無內外、大小、精粗，一以貫之，其言曰：「人爭一個覺。才覺，便我大而物小，物有盡而我無盡。」又曰：「終日乾乾，只是收拾此理而已。此理干涉至大；無內外，無終始；無一處不到，無一息不運。會此，則天地我立、萬化我出，而宇宙在我矣。得此把柄入手，更有何事？往古來今，四方上下，一齊穿紐，一齊收拾。隨時隨處，無不是這個充塞。色色任他本來，何用腳勞手攘？」

　　白沙之學，吃緊工夫，全在涵養。以虛為本，以靜為門戶，以勿忘勿助之間，為體認之則。或訾其近禪。或謂有明之學，至白沙而後精，至陽明而後大。或問龍溪：「白沙與陽明同異？」龍溪曰：「白沙緣世人精神撒潑，向外馳求，欲返其性情而無從入，只得假靜中一段行持，窺見本來面目，以為安身立命根基，所謂權法也。若致知宗旨，不論語默動靜，從人情事變，徹底練習，以歸於元。譬之真金為銅鉛所雜，不遇烈火烹熬，則不可得而精。師門有三種教法：從知解而得者，謂之證悟。未離言詮。從靜中而得者，謂之證悟。猶有待於境。從人事練習而得者，忘言忘境，觸處逢源；愈搖動，愈凝寂；始為徹悟。」龍溪教人，向偏於事上磨煉。此說亦不離此旨。然白沙與姚江之大小，則於此可見矣。

　　與陽明同時並稱者，厥唯甘泉（湛若水，字元照，號甘泉，廣東增城人）。甘泉為白沙弟子。陽明嘗溺於二氏，與甘泉交，乃一意聖學。

陽明主致良知，而甘泉標「隨處體認天理」為宗旨。兩家各立門戶。湛氏門人，不如王氏之盛。然當時學於湛者，或卒業於王；學於王者，或卒業於湛。其後名湛氏之學行亦多，湛氏亦有明一大師也。

甘泉之說，有與陽明極相似者。其說天理曰：「天理二字，人人固有，非由外鑠。不為堯存，不為桀亡。故人皆可以為堯舜，初學與聖人同此心，同此一個天理。雖欲強無之不得。見孺子入井，見餓莩，過宗廟，到墟墓，見君子，不知不覺，萌動出來，遏他又遏不得。有時志不立，習心蔽障，忽不見了，蓋心不存故也。心若存時，自然見前。」此猶陽明之言良知也。又曰：「心存得中正時，便見天理。」又曰：「心中無事，天理自見。」亦以天理為在心。又曰：「後世儒者，認行字別了。皆以施為班布者為行。殊不知行在一念之間耳。自一念之存，以至於事為之施布，皆行也。且事為施布，豈非一念為之乎？所謂存心，即行也。」此亦陽明知行合一之說也。所異者，陽明以為心即理，甘泉則雖謂理在吾心，終不免體認於外以足之耳。

甘泉之說曰：「格，至也。物，天理也，即道。格即造詣之義。格物，即造道也。知行並進，學、問、思、辨、行，所以造道也。故讀書，親師友，酬應，隨時隨處，皆求體認天理而涵養之，無非造道之功。」此純似程子「窮理亦多端」之說。然甘泉又不甘居於務外，乃曰：「以隨處體認為求之於外者，非也。心與事應，然後天理見焉。天理非在外也。特因事之來，隨感而應耳。」又曰：「堯舜允執厥中，非獨以事言，乃心事合一。允執之者，吻合於心，於心為一，非執之於外也。若能於事物上察見天理，平時涵養，由中正出，卻由仁義行之學。平時無存養工夫，事到面前，才尋討道理，即是行仁義；即是義外；即是義襲而取之者也。」既曰天理為人人所固有，初學與聖人無異，義必待事物上察見，未免自相矛盾。若曰心與事應而後天理見，則心豈有不感時

189

邪？甘泉蓋恐人墮入見成良知一路，故欲加之以學、問、思、辨、行之功。（或問：「先生嘗言是非之心，人皆有之，此便是良知，亦便是天理。依著自己是非之心，存養擴充將去，便是致良知；亦便是隨處體認天理也。然而外人多言先生不欲學者言良知，豈慮其體察未到，將誤認於理欲之間，遂以為真知也邪？」曰：「如此看得好。良知二字，自孟子發之，豈不欲學者言之？但學者往往徒以為言。皆說心知是非皆良知。知得是便行到底，知得非便去到底；如是是致。恐師心自用。還須學、問、思、辨、行，乃為善致。」）而不知言精察於吾心之理，以為規矩準繩，而施之於事為，與體認於事物之上，以求吾心天理之著見，然後持之以為應事之具，其簡直迂曲，則大有別矣。若謂離事物無從精吾心之理，則又有說。甘泉之言曰：「陽明與吾，看心不同。吾所謂心，體萬物而不遺者也，故無內外。陽明所謂心，指腔子裡而為言者也，故以吾之說為外。」（陽明謂「隨處體認天理，是求之於外。」）梨洲評之曰：「天地萬物之理，不外於腔子裡，故見心之廣大。若以天地萬物之理，即吾心之理，求之天地萬物，以為廣大，則先生仍為成說所拘也。天理無處而心其處。心無處而寂然未發者其處。體認者，亦唯體認之於寂而已。今日隨處體認，毋乃體認於感？其言終有病也。」

　　或問聶雙江：「隨處體認天理何如？」曰：「此甘泉揭以教人之學，甘泉得之羅豫章。豫章曰：為學不在多言。但默坐澄心，體認天理。若見天理，則人慾自退聽。由此持守，庶幾有功。」案雙江之說，殊能得其來歷。甘泉之說，實與豫章之說，息息相通。但豫章之說，少偏於靜。甘泉不以為然。乃改「默坐澄心」為「隨處體認」，欲合「靜而存養，動而省察」為一耳。然欲合此二語為一，隨處體認天理，實遠不如致良知之簡捷而深入也。（陽明與毛古庵書：「致良知之說，與體認天理之說，本亦無大相遠。但微有直截迂曲之差耳。譬之種植：致良知者，

培其根本之生意，而達之枝葉者也。體認天理者，茂其枝葉之生意，而求復之根本者也。」）

隨處體認天理之說，雖曰理在吾心，實仍即物求理之變相。其失易墮於支離。故其後學，咸欲以直截救之。湛門如呂巾石（名懷，字汝德，廣信永豐人），則以為天理良知，本同宗旨。如洪覺山（名垣，字峻之，徽州婺源人），則謂體認天理，是不離根之體認，工夫全在幾上用。如唐一庵（名樞，字唯中，歸安人），則標討真心三字為的。謂隨處體認，或失於反身尋討。致良知，或失於誤認靈明。如許敬庵（名孚遠，字孟仲，德清人。學於唐一庵），則謂學以克己為要。謂人有血氣心知，便有種種交害。雖未至目前，而病根常在。必在根上看到方寸地不掛一塵，方是格物。皆鞭闢入裡，浸浸近於王學矣。其初學於許敬庵，後傾向王學，而又能救正王學之失者，厥唯劉蕺山。

蕺山標慎獨為宗旨。其說曰：「知善知惡之知，即好善惡惡之意，亦即無善無惡之體。意者，心之所存（心之主宰），非所發也；心之體，非心之用也（流行為用），與起念之好惡不同（念有起滅，意則常存常發。）。人心無思無不思，無思慮未起時。必物感相乘，思為物化，乃憧憧往來耳。陽明以誠意為主意，致良知為工夫。謂誠意無工夫，工夫皆在致知。殊不知好善惡惡，即知善知惡；非知善後好，知惡後惡，故更無知善知惡之可言。然則知即意也。好必善，惡必惡，故心善。意者，心之所存。好善惡惡之心，即好善惡惡之意，故意有善而無惡（惡惡即惡不善，惡不善即好善），此所謂獨知也。良知不慮而知，誠者不思而得，故誠即知。致也者，誠之者也。離卻意根一步，即無致知可言。故誠意慎獨非二事。宋儒不從慎獨認取，故不得不提敬於格物之前。陽明云：有善有惡者意之動。是以念為意。善惡雜糅，何處得覓歸宿？專提致良知三字，遂致以流行心體承當。今知誠意即慎獨，離意根

一步，即妄而不誠，則愈收斂，是愈推致；而動而省察可廢。何也？存養不專屬靜，省察正存養之得力處也。」案蕺山之說，蓋宗江右，而尤於塘南為近。

初為陽明之學，而後變焉者，又有李見羅（名材，字孟城，豐城人。學於鄒東廓）。見羅提止修二字，以止為主意，修為工夫。謂「人生而靜以上是至善。發為惻隱、羞惡、辭讓、是非四端，有善便有不善。知是流動之物，都已向發邊去。以此為致，遠於人生而靜以上之體」。故主「攝知歸止。」「刻刻能止，則視聽言動，各當其則，不言修而修在其中。稍有出入，不過點檢提撕修之工夫，使常歸於止而已。」見羅闢陽明之說曰：「釋氏以知覺運動為性。吾儒本天，故於性上只道得一個善字。就於發用之際，見其善之條理。惻隱名仁，羞惡名義，辭讓名禮，是非名智。未嘗云有善無不善也。後儒曰：無善無惡者心之體。以其就知上看體，知固有良有不良故也。玉本無瑕，只合道個白，不可云有白無黑。水本無汙，只合道個清，不可云有清無濁。無善無惡既均，作善作惡亦等。何也？總之非吾性所有也。見性一差，弊至於此。則知知覺運動，不可言性；儒者之學，斷須本天。程朱之論，固自有其獨到之處也。」案見羅此辯，殊失陽明本意，參觀前兩篇自明。見羅又謂：「致知二字，並列於八目之中。知本知止，特揭於八目之外。略知本而揭致知，五尺之童，知其不可。自古之慾明明德，至一是皆以修身為本，詳數事物，而歸本於修身。本在此，止在此。知本者，知修身為本而本之。知止者，知修身為本而止之。知修身為本而止之，即止於至善也。」合「此謂知本」之本，與「一是皆以修身為本之本」為一，亦未必其遂安耳。

東林之學，與陽明有異同者，為顧涇陽（名憲成，字叔時，無錫人）及高景逸（名攀龍，字存之，無錫人）。涇陽提出性字。謂：「性

是心之根柢。舍性言心，必墮情識。」「善即心之本色，說恁著不著？明目之本色，聰耳之本色，說得個不著否？何云無善乃不著於善耶？」景逸主格物。謂：「不窮其理，物是外物。窮其理，物即吾心。」「學者無窮工夫，心之一字，是大總括。心有無窮工夫，敬之一字，是大總括，心無一事為敬。主一之謂敬。無適之謂敬。人心如何能無適？須先窮理，識其本體。」「聖人只從矩，不從心所欲。徒知昭昭靈靈者為心，而外天下之物，是為無矩之心。以應天下之物，師心自用而已。」「陽明曰：致知在格物者，致吾心之良知於事事物物。致吾心之良知於事事物物，則事事物物，各得其理。是格物在致知。又曰：格，正也。格去心之不正，以歸於正。是格物在正心誠意。」「吾人日用，何嘗離格物。開眼便是，開口便是，動念便是。善格物者，時時知本。善知本者，時時格物。格透一分，則本地透一分，知地透一分。談良知者，致知不在格物，故虛靈之用，多為情識，而非天則之自然，去知遠矣。」案高顧所闢，皆王學末流之弊。若陽明本說，則實不如是也。（景逸又曰：「陽明曰：有善有惡意之動。善謂善念，無善則無念。吾以善為性，彼以善為念也。」此說亦非。參看上篇錢緒山之說自明。）

篇十五　總論

　　以上各篇，舉理學中之重要家數，一一加以論列。理學之為理學，亦略可見矣。今再統其學而略論之。

　　理學之特色，在其精微徹底。一事之是非，必窮至無可復窮之處，而始可謂定。否則畫一境以自足，而曰：吾之所論者，姑止於是而已。則安知所研究者出此以外，而其是非不翻然大變乎？理學家則不然。或問伊川：「人有言：盡人道謂之仁，盡天道謂之聖。此語何如？」曰：「安有知人道而不知天道者？道一也，豈人道自是一道，天道自是一道？揚子曰：通天地人曰儒，通天地而不通人曰技。此亦不知道之言。豈有通天地而不通於人者哉？天地人只一道也。才通其一，則餘皆通。如後人解《易》，言乾天道也，坤道地也，便是亂道。語其體，則天尊地卑，論其道，豈有異哉？」橫渠答范巽之云：「所訪物怪神奸，此非難語，顧語未必信耳。孟子所論，知性知天。學至於知天，則物所從出，當源源自見。知所從出，則物之當有當無，莫不心喻；亦不待語而後知。諸公所論，但守之不失，不為異端所劫，則進進不已，物怪不須辨，異端不必攻，不逾期年，吾道勝矣。若欲委之無窮，付之不可知，則學為疑撓，智為物昏，交來無間，卒無以自存，而溺於怪妄必矣。」宋儒所謂理者，果能貫天地人幽明常變而無間否，自難斷言。然其所求，則固如此。其說自成一系統，其精粹處，確有不可磨滅者，則固不容誣也。

　　以其所求之徹底，故其所為，必衷諸究極之是非；而尋常人就事論事之言，悉在所不取。或問伊川：「前世隱者，或守一節，或悖一行，不知有知道者否？」曰：「若知道，則不肯守一節一行也。此等人鮮明理。多取古人一節事專行之。古人有殺一不義，雖得天下不為，則我亦殺一不義，雖得天下不為。古人有高尚隱逸，不肯就仕，則我亦高尚隱逸不仕。如此，則仿效前人所為耳，於道鮮有得也。是以東漢尚名節，

有雖殺身不悔者，只是不知道也。」陽明亦曰：「聖賢非無功業氣節，但其循著天理，則便是道，不可以事功氣節名矣。」蓋天下有真知其故而為之者。亦有並不真知，但慕悅他人之所為，而從而效之者。不真知而為之，必有毫釐千里之差；浸至冬葛夏裘之謬。此宋儒之所以重明理也。理學家之所謂理，果至當不易與否，自難斷言。然其心，則固求明乎究極之理，而後據之以行事也。

以此推之政治，則不肯作一苟且之事。宋儒有一習道之語，曰：「治非私智之所出。」所惡於私智者，以其欲強自然之事實，以從我之慾，不合乎天然之理，不足致治，而轉益糾紛也。伊川曰：「孔明有王佐之才，道則未盡。王者如天地之無私心焉，行一不義，而得天下不為。孔明必求有成，而取劉璋，聖人寧無成耳。」一時一事之成功，就一時一事言之固有利，統全域性言之實有害，故有所不為也。呂與叔《明道哀辭》謂其「寧學聖人而未至，不欲以一善成名，寧以一物不被澤為己病，不欲以一時之利為己功」。真理學家，都有此意。

其行諸己者，尤為卓絕。橫渠曰：「學必如聖人而後已。知人而不知天，求為賢而不求為聖，此秦漢以來學者之大蔽。」伊川曰：「且莫說將第一等讓與別人，且做第二等，才如此說，便是自棄。雖與不能居仁由義者，差等不同，其自小則一也。言學便以道為志，言人便以聖人為志。自謂不能者，自賊者也。謂其君不能者，賊其君者也。」所以必希聖，必以第一等人自期者，以天下唯有一真是，捨此皆不免毫釐千里之差也。

如此徹底之道，並不恃天賦之資。其功皆在於學。伊川曰：「別事都強得，唯識量不可強。今人有斗筲之量，有釜斛之量，有鐘鼎之量，有江河之量。江河之量亦大矣，然有涯，有涯亦有時而滿。唯天地之量則無滿。聖人，天地之量也。聖人之量，道也。常人之有量者，天資

也。天資之量須有限。大抵六尺之軀，力量只如此，雖欲不滿，不可得也。」讀「六尺之軀力量只如此」九字，真足使困知勉行者，氣為之一壯矣。

理學家之學，於理求其至明，於行求其無歉。然二者又非二事，明理者，所以定立身之趨向；立身者，所以完明理之功用也。抑此非徒淑身，施之當世，亦無虧慊。以天下唯有一理，治身之理，即治世之理也。理學家最服膺之語曰：「體用一源，顯微無間。」（語出伊川《易傳序》。）其斥理學以外之學，則曰：「言天理而不用諸人事，是為虛無，是為異學。言人事而不本諸天理，是為粗淺，是為俗學。」二者之為失雖異，而其失唯鈞。皆以不明乎獨一無二之理，故其所行遂至差謬也。

理學家視修己治人，非有二道。故曰：「志伊尹之所志，學顏子之所學。」雖然，物莫能兩大。有所重於此，勢必有所輕於彼。理學家論治，每謂己不立則無以正物，其說固然。（橫渠曰：「德未成而先以功業為事，是代大匠斫，希不傷手也。」明道曰：「不立己後，雖向好事，猶為化物。己立後，自能了當得天下萬物。」朱子曰：「古人只是日夜皇皇汲汲，去理會這個身心。到得做事業時，只隨自家份量以應之。」又曰：「多隻要求濟事，而不知自身不立，事絕不能成。人自心若一毫私意未盡，皆足敗事。」或問：「學者講明義理之外，亦須理會時政，庶他日臨事，不至牆面。」曰：「學者若得義理明，從此去量度事物，自然泛應曲當。今世文人才士，開口便說國家利害，把筆便述時政得失，濟得甚事？只是講明義理，以淑人心。使世間識義理之人多，何患政治不舉？」）然因此，全副精神，皆貫注於內，而於外事遂有所不暇及，亦其勢也。後來顏習齋所攻擊，專在於此。

凡事皆欲從源頭上做起，皆欲做到極徹底，而所言遂不免於迂闊，此亦理學之一弊也。為治如行修途，眼光須看得極遠，腳步須走得極

穩，千里之行，始於跬步，意不可不存於千里，足不可不謹於跬步也。徒顧目前之險夷，而遂忘其所欲至，此為理學家所譏之俗學。目前雖倖免蹉跌，而所欲至之地，卒無可至之時，則其行為無謂矣。反於此者，又或眼光看得極遠，而於目前之情形，有所不悉，遂不免於蹉跌，此則理學之弊。理學家言治本，則致謹於王霸之辨；言治法，則欲復封建井田。姑勿論所言之是非，然見在之世界，去封建井田亦遠矣。必如何而後封建井田可復，理學家不能言也。（非不言之，然其言多迂闊，實與未嘗言等。）則其欲復封建井田，亦徒存其願而已。況夫封建井田之未必可復邪？

　　泥古之足以致弊，宋儒亦非不知之，然其所以自解者，則曰：「必有《關雎》、《麟趾》之意，而後可以行《周官》之法度。」（明道之言。）然則周官法度之不能行，皆由《關雎》、《麟趾》之意之不足。《關雎》、《麟趾》之意苟足，《周官》之法度，遂無不可行矣。（宋儒論治，偏重德化，略於事為，弊亦由此。）然宋儒於古人之法度，實考之未精。故其所主張，自謂參酌古今，實不免墨守古法。（由其誤謂古代成法，皆合於至當不易之天理也。使其真能詳考，自無此弊。）論治則欲復井田封建，善俗則欲行古冠昏喪祭之禮，皆坐此弊。（宋儒於禮，實行者甚多。關學無論矣。朱子所修《儀禮經傳通解》，自一家以至一國之禮悉具焉。陸象山之父，名賀，字道鄉，亦酌先儒冠昏喪祭之禮，行之於家。此等事不勝列舉。宋儒於禮，考古之作亦甚多。《儀禮經傳通解》外，如陳祥道之《禮書》，敖繼公之《儀禮集說》等皆是。宋儒所謂禮，實不可行於世，讀呂氏之《藍田鄉約》，便可見之。）古代社會，階級較後世為嚴。宋儒率古禮而行之，實於後世情形有所不合，人心遂覺其不安；人人皆覺其所行為不近情。後來戴東原所攻擊，專在於此。（陽明言心學，故其所言，較宋儒稍為活動。陽明之言曰：「天下

古今之人，其情一而已矣。先王制禮，皆因人情而為之節文，是以行之萬世而皆準。其或反之吾心而有所未安者，非傳記之訛缺，則必風氣習俗之異宜。此雖先王未之有，亦可以義起。三王之所以不相襲禮也。若徒拘泥於古，不得於心，而冥行焉，是乃非禮之禮，行不著而習不察者矣。」其與鄒守益書曰：「今之為人上而欲道民以禮者，非詳且備之為難，唯簡切明白，使人易行之為貴耳。」其言皆較宋儒為弘通。然必謂先王之法，可行之萬世而準，則仍未免蓬之心。率此行之，必致仍以先王之法為本，以吾之意見，略加參酌，自謂可行之當世，而仍未必有當於世人之情耳。）

宋儒之尊君權，與其嚴階級同蔽。固由晚唐五代，裂冠毀冕，有以激之；亦其拘守古人成法太過，謂欲求治，必如古人所為；古代君權本尊，宋人持論，遂不覺其太過也。宋學開山孫明復，作《春秋尊王發微》，即大昌尊君之義。且謂《春秋》有貶無褒。其持論之酷如此。溫公疑孟子，詆其貴戚易位之言。李覯作《常語辨》，以孟子為五霸之罪人。謂「五霸率諸侯事天子，孟子勸諸侯為天子，苟有人性，必知其逆順矣」。然則孔子稱「湯武革命，應天順人」，孔子亦五霸之罪人乎？此弊理學家入之頗深。至清代曾國藩等，猶有此見。社會之所以能立，其原因自極深遠。此輩則謂非有封建之世，階級森嚴，下之視上，懍乎其不可犯之風氣，不足維持。謂此等名分一壞，即不免於大亂。實由其於社會現象，研之未深，而徒以古為郅治之世，致有此繆見也。

宋儒自謂於二氏之學頗深，故能入其室而操其戈。後之議理學家者，則又謂周、程、張、朱等，其初皆與二氏有交涉，故其說實不免於儒其貌而釋老其心。（葉水心之論即如此。水心《習學記言》云：「程氏答張氏論定性，動亦定，靜亦定；無將迎，無內外：當在外時，何者在內？天地普萬物而無心，聖人順萬事而無情；擴然而大公，物來

而順應；有為為應跡，明覺為自然；內外兩忘；無事則定，定則明；喜怒不繫於心而繫於物；皆老佛語也。程張攻擊老佛，然盡用其學而不自知。」又謂周、張、二程，無極、太極、動靜、形氣、聚散等，為以佛說與佛辯。晁以道謂濂溪師事鶴林寺僧壽涯，得「有物先天地，無形本寂寥。能為永珍主，不逐四時雕」之偈。《性學指要》謂濂溪初與東林總遊。久之，無所入。總教之靜坐。月餘，忽有得。以詩呈曰：「書堂兀坐萬機休。日暖風和草自幽。誰道二千年遠事，而今只在眼睛頭。」總肯，即與結青松社遊。則濂溪早年，確與二氏有交涉，無怪其《太極圖》之取資於彼也。至張子、朱子等之出入二氏，則更事實確鑿，無待考證矣。）至於邵子之被斥以道家，陸王之見疑於佛學，則更不俟深論矣。然宋明儒者，於二氏之學，入之實不深。故其所詰難，多不中理。焦澹園謂「伯淳未究佛乘，故其掊擊之言，率揣摩而不得其當。大似聽訟者，兩造未具，而億決其是非；臧證未形，而縣擬其罪案」。斯言得之。「改頭換面」，實非理學家所能也。（宗杲教張子韶，謂「既得把柄，開道之際，當改頭換面，隨宜說法」。即使為陽儒陰釋之論也。子韶，名九成，錢塘人。自號橫浦居士，又稱無垢居士。龜山弟子。朱子闢之。以為洪水猛獸。）

　　老釋相較，釋氏之說，遠較老氏為高。理學家雖以二氏並稱，實則其所闢者，十九在釋氏也。儒家闢佛之說，為宋儒所稱者，為韓退之之《原道》。其說實極粗淺。宋初闢佛者，有石介之《中國論》，歐陽修之《本論》，亦《原道》之類耳。稍進而其說乃精。

　　宋儒闢佛第一要語，為程子之「吾儒本天，異端本心」。其所謂天者，即天地萬物之定理。謂宇宙間一切皆有定則，為人所當遵守而不逾。釋氏唯任其心之所見，則一切無定。故以知識言，則不能明理；以制行論，遂至猖狂妄行也。張子謂釋氏「不能窮理，故不能盡理」，意

亦同此。其實天下無不明事理，可成學問者。釋氏之注重一心，乃將人類一切罪惡，加以窮究，謂其根原皆出於心耳。能所二者，不能相離。承認有我，即不啻承認有物；承認有物，亦不啻承認有我矣。理學家謂「吾儒知有理，故其言心也，從至變之中而得其不變者。釋氏但見流行之體」，未免以禪宗之流失，概佛教之本來也。

又謂「釋氏有敬以直外，無義以方外」（亦明道之言）。案佛氏有三千威儀，八萬細行。更進而言之，則有六波羅蜜。凡可以饒益有情者，善巧方便，無所不為。戒律之嚴，尤為他教所莫比。安得謂無制行之義邪？

延平云：「吾儒異於異端者，理一而分殊也。理不患不一，所難者分殊耳。」朱子曰：「理一，體也。分殊，用也。」蓋謂釋氏有仁而無義也。然冤親平等，乃以究極之義言之。至於應事，則釋氏亦有種種方便，曲盡其妙。試讀《華嚴》之五十三參可知。正不得謂有仁而無義也。況理不患不一，所難者分殊，語亦有病。此則陽明之心學，足以正之矣。

有以善為吾心所本有，疑釋氏一切空之，遂並善而欲空之者。明道謂其「直欲和這些秉彝，都消鑠得盡」是也。然善者心之本體，正空無一物之謂（如鑒之明）。若先有世間之所謂善者，雜乎其中（如鑒中美景），則眼中金屑矣。心學家謂心體本空，惻隱、羞惡、辭讓、是非，皆自此空體流出，頗得佛意。空者，空其慾障。四端即心之本體。非本體為一物，而四端別為一物，藏於其中也。然則秉彝安可消鑠盡邪？秉彝而消鑠盡，則並明道所謂佛所欲見之心性而無之矣。（明道曰：「彼所謂識心見性也。若存心養性一段事則無矣。」）何也？秉彝即心性也。

有謂二氏專從生死起念，不離乎貪生畏死之情者。案後世所謂道教，實古之神仙家。神仙家專求長生，冀享世間之快樂，宋儒闢之是

也。然此實不直一關。至於真道家及佛氏，則了無貪生畏死之念。世未有淺至貪生畏死，猶能成為學，成為教者。此亦不足辯也。宋儒之說，乃睹世俗信奉二氏者，皆不離乎貪生畏死之念，遂以此咎二氏耳。亦可見其於二氏之學，入之實不深矣。

或謂佛氏專從事於一心，久之，見其昭昭靈靈，如有一物，遂以此為心之本體，得此則天地萬物雖壞，而此不壞；幻身雖亡，而此不亡。又或靜久，精神光采，其中了無一物，遂以為真空。此皆禪宗之末失。宋時佛教，諸宗皆衰，唯禪宗獨盛。故宋儒闢佛，多指禪宗言之。後之理學家，不加深察，遂謂佛教僅如此耳。其實禪宗不足概佛教之全，禪宗之流失，即彼亦以為魔道也。

張子曰：「若謂虛能生氣，則虛無窮，氣有限，體用殊絕，入老氏有生於無自然之論。」老氏說果如此，張子闢之，誠為得當。然老子所謂「天地萬物生於有，有生於無」者，即莊子「有不能以無為有」之說。謂天下萬物，彼不能為此之原因，此亦不能為彼之原因，故不得不歸之於無。無猶言不可知，正認識論之精義也。又有謂我之所謂無為，乃無私意造作，彼則真入於無為者。此則《道德五千言》俱在，其餘道家之言亦俱在，稍一披覽，即可知其所謂無為者，果系一事不為，抑系無私意造作。亦不俟辯也。

理學家之闢二氏，多屬誤會之談。然其說仍有極精者。不能以其於二氏之說，有所誤會，遂概斥為不足道也。今試引數事如下：

或謂明道：「釋氏地獄之類，皆是為下根人設，怖會為善。」曰：「至誠貫天地，人尚有不化，豈有立偽教而人可化乎？」或問陽明：「佛以出離生死，誘人入道，仙以長生久視，誘人入道，究其極致，亦見得聖人上一截，然非入道正路。」陽明曰：「若論聖人大中至正之道，徹上徹下，只是一貫。更有甚上一截，下一截？」明道論神教不能普行之

理甚精。蓋凡神教，雖亦見得究極之理，終不免有許多誘人之說。究極之理真，誘人之說則偽。一時雖藉此誘人，久之，其遭人掊擊者，即在於此。此亦可見說非真理，終不能立也。陽明之說，尤覺簡易直截，獨標真諦。

陽明曰：「仙釋說到虛，聖人豈能虛上加得一毫實？佛氏說道無，聖人豈能無上加得一毫有？但仙家說虛，從善生上來；佛氏說無，從出離生死苦海上來，卻於本體加這一些子意思；便不是虛無的本色，便於本體有障礙。聖人只是還他良知的本色，更不著些子意思，良知之虛，便是天之太虛。良知之無，便是太虛無形。日月，風雷，山川，民物，凡有貌象形色，皆在太虛無形中，發用流行，未嘗作得天的障礙。聖人只是順其良知之發用。天地萬物，俱在我良知發用流行中，又何嘗有一物超於良知之外，能作障礙？」案神仙家不足論。陽明謂佛氏亦有所著，亦非真知佛說之談。然所說之理則甚精。真空妙有，原系一事。必知此義，乃不致以空為障也。

梨洲曰：「佛氏從生死起念，只是一個自為。其發願度眾生，亦即一個為人，何曾離得楊墨科臼？豈唯佛氏？自科舉之學興，儒門那一件不是自為為人？自古至今，只有楊墨之害更無他害。」案謂佛氏從生死起念，前已辨之。其發願度人，則正所謂秉彝之不容已。儒家力爭性為善而非空，正是此意。不得轉以此病釋氏也。然梨洲闢佛雖非是，而其將一切惡，悉歸到為人為己上，見得至善唯有一點，更移動分寸不得，則其說甚精。

凡教總不能無迷信之談，此乃藉以牖世，本非教中精義。得其義，棄作筌蹄可矣。佛說來自天竺，彼土之人，好驚遐想，說尤恢詭。此亦非佛說精義所在也。而此土之人，或竟信以為真，則墮入迷信矣。溫公不信佛，曰：「其微言不能出吾書，其誕者吾不信也。」佛說之誕，乃

其興於天竺使然，不足為佛病。然論佛說而能及此，卻可掃除許多障礙也。

朱子《釋氏論》曰：「佛之所生，去中國絕遠。其書來者，文字音讀，皆累數譯而後通。而其所謂禪者，則又出於口耳之傳，而無文字之可據。以故人人得竄其說以附益之，而不復有所考驗。今其所以或可見者，獨賴其割裂裝綴之跡，猶有隱然於文字之間，而不可掩者耳。蓋凡佛之書，其始來者，如《四十二章》、《遺教》、《法華》、《金剛光明》之類。其所言者，不過清虛緣業之論，神通變見之術而已。及其中間為其學者，如惠遠、僧肇之流，乃始稍竊《列》、《莊》之言，以相之。然尚未敢以為出於佛之口也。及其久而恥於假借，則遂顯然竊取其意，而文以浮屠之言。如《楞嚴》所謂自聞，即《莊子》之意；而《圓覺》所謂四大各離，今者妄身當在何處，即《列子》所謂精神入其門，骨骸及其根，我尚何存者也。凡若此類，不勝列舉。然其說皆萃於書首，其玄妙無以繼之，然後佛之本真乃見。如結壇、誦咒、二十五輪之類；以至於大力金剛，吉盤荼鬼之屬，則其粗鄙俗惡之狀，較之首章重玄極妙之旨，蓋水火之不相入矣。至於禪者之言，則其始也，蓋亦出於晉宋清談論議之餘習，而稍務反求靜養以默證之。或能頗出神怪，以炫流俗而已，如一葉五花之讖，只履西歸之說，雖未必實有其事，然亦可見當時所尚者，止於如此也。其後傳之既久，聰明才智之士，或頗出於其間，而自覺其陋。於是更出己意，益求前人之所不及者，以陰佐之；而盡諱其怪幻鄙俚之談。於是其說一旦超然，真若出乎道德性命之上，而惑之者，遂以為果非堯、舜、周、孔之所能及矣。然其虛誇詭誕之情，淫巧僞浮之態，展轉相高，日以益盛，則又反不若其初時清閒靜默之說，猶為彼善於此也。」（《語類》：「宋景文《唐書贊》，說佛多是華人之譎誕者，攘莊周、列禦寇之說佐其高，此說甚好。如歐陽公只說個禮法，

子又只說自家義理，皆不見他正贓。佛家先偷《列子》。《列子》說耳目口鼻心體處有六件，佛家便有六根。又三之為十八戒。初間只有《四十二章經》，無恁地多。到東晉，便有談議，如今之講師。做一篇議總說之。到後來，談議厭了，達摩便入來，只靜坐。於中稍有受用處。人又都向此。今則文字極多，大概皆是後來中國人以《列》、《莊》說自文。夾插其間，都沒理會了。」）案佛說有大小乘，其來有早晚。其經有真偽，譯有善否。又有意譯直譯之殊。直譯者或能傳其說之真，意譯者則不免攙以此方之語。若以為學術而研究之，其中應考校處甚多。朱子所論，雖未盡當。（如不知《列子》系偽書，竊佛說。反以為佛竊《列子》之類）然能見及此中罅隙，要不可謂非善讀書者。自漢學之興，群詆宋儒為空疏武斷。其實宋儒如朱子，即讀書極博之人。此外博洽者尚多。其勇於懷疑，善於得間，尤非漢唐及清儒所及。清代考證之學，實亦自宋儒開其源（如朱子疑《古文尚書》，吳棫發明古韻等皆是），特未竟其業耳。此說甚長，當別專論，乃能盡之。此篇不能詳也。

理學自創始迄今，幾千年。信從者固多，攻擊者亦不少。綜所攻擊，不外兩端：一病其空虛無用，一以為不近人情而已。前說可以清之顏習齋為代表，後說可以戴東原為代表。然二家所攻，實皆理學末流之弊。至於理學之真，則自有其卓然不可沒者。予舊有《訂戴》一篇，今附錄於後，以見戴氏之說之所由來，及其當否。今更略評顏氏之說如下。

顏氏之攻理學，一言蔽之曰：不切實用而已。故其釋「致知在格物，」必以《周官》之鄉三物為物，而曰：「知無體，以物為體。」其說窮理，則謂理在事中，必就事分析極精，乃為窮理（此說與戴氏同）。習齋之言曰：「以讀經史，訂群書為窮理處事以求道之功，則相隔千里；　　　，訂群書為即窮理處事，而曰：道是在焉，則相隔萬里矣。譬

之學琴：書猶琴譜也。爛熟琴譜，講解分明，可謂學琴乎？故曰：以講讀為求道，相隔千里也。更有妄人，指琴譜曰：是即琴也。辨音律，協風韻，理性情，通神明，比物此志也。譜果琴乎？故曰：以書為道，相隔萬里也。歌得其調，撫嫻其指，弦求中音，徽求中節，是之謂學琴矣，未為習琴也。手隨心，音隨手；清濁疾徐有常功；鼓有常規；奏有常樂；是之謂習琴矣，未為能琴也。絃器可手製也，音律可耳審也，詩歌唯其所欲也；心與手忘，手與弦忘，於是乎命之曰能琴。」（引自《存學編性理書評》。）顏氏之言如此，此其所以以習自號也。顏氏之訾宋儒曰：「宋儒如得一路程本，觀一處，又觀一處，自以為通天下路程，人亦以曉路程稱之，其實一步未行，一處未到。」（見《年譜》。）顏氏謂宋儒之病在習靜，在多讀書，故提倡習動。謂：「誦說中度一日，則習行上少一日；紙墨上多一分，則身世上少一分。」又謂：「讀書愈多愈惑，審事機愈無識，辦事愈無力。」又謂「書生必自知，其愚益深。」案理學末流之弊，誠有如習齋所云者。然流弊何學蔑有？要不得以此並沒其學之真。偏於靜，偏於讀書，誠理學必至之弊。然始創理學者，及理學大家，初未謂當如此。讀前此諸篇可見也。大抵思想當大變動之時，其人必好驚心於玄遠。以其視前此之是非然否，悉不足憑，而當別求標準也。宋代正是其時。今日時勢危急，群趨實際，救焚拯溺之不暇，而講哲學之風反大盛，亦以此故。偏於讀書之弊，不獨宋學為然。率天下之人，而至於疏於處事，亦誠在所不免。然此亦分工之道，不得不然。今之科學家，固有終身在試驗室中，而未嘗一用其所學，以作實事者矣。亦得詆為但讀琴譜，但觀路程本邪？

呂思勉的理學綱要：

理學與社會，互動與影響

作　　者：呂思勉

發 行 人：黃振庭

出 版 者：複刻文化事業有限公司

發 行 者：複刻文化事業有限公司

E-mail：sonbookservice@gmail.com

粉 絲 頁：https://www.facebook.com/
　　　　　sonbookss/

網　　址：https://sonbook.net/

地　　址：台北市中正區重慶南路一段六十一
　　　　　號八樓 815 室

Rm. 815, 8F., No.61, Sec. 1, Chongqing S.
Rd., Zhongzheng Dist., Taipei City 100,
Taiwan

電　　話：(02)2370-3310

傳　　真：(02)2388-1990

印　　刷：京峯數位服務有限公司

律師顧問：廣華律師事務所 張珮琦律師

定　　價：299 元

發行日期：2023 年 12 月第一版

◎本書以 POD 印製

國家圖書館出版品預行編目資料

呂思勉的理學綱要：理學與社會，
互動與影響 / 呂思勉 著 . -- 第一版 .
-- 臺北市：複刻文化事業有限公司
2023.12
面；　公分
POD 版
ISBN 978-626-7403-10-5(平裝)
1.CST: 理學
125　　112017724

電子書購買

臉書

爽讀 APP